교과서 한자어 5학년

어린이 훈민정음을 위한 **초등학교 5학년 국정교과서**

교과서 한자어

(사)훈민정음기념사업회 책임편집

5학년

개정 교육과정 최신판 교과서 철저 분석!
어린이 훈민정음과 교과서 한자어를 동시에!
(사)훈민정음기념사업회·문화체육관광부 산하

가나북스

어린이 훈민정음을 위한 **초등학교 5학년 국정교과서**

교과서 한자어 5학년

발 행 일 | 2024년 5월 5일 초판 1쇄
지 은 이 | 박재성
책 임 감 수 | 김진곤
편 집 위 원 | 김보영 박화연 박희영 이도선
발 행 인 | 배수현
디 자 인 | 천현정
펴 낸 곳 | 가나북스 www.gnbooks.co.kr
감 수 처 | 사단법인 훈민정음기념사업회
출 판 등 록 | 제393-2009-000012호
주 소 | 경기도 파주시 율곡로 1406
전 화 | 031)959-8833(代)
팩 스 | 031)959-8834

ISBN 979-11-6446-107-3(63710)

"어린이 훈민정음을 위한 초등교과서 한자어는 오락(五樂)공부입니다… "

5학년 수학 교과서에 '약수'라는 낱말이 나옵니다. 무슨 뜻일까요? 이러한 어려운 한자어 때문에 어린이 여러분들이 선생님께서 가르쳐주시는 내용을 바로 이해하지 못하고, 교과서를 읽어도 무슨 뜻인지 몰라 학교 수업이 재미가 없고 어렵다고 느꼈던 경험이 많을 것입니다.

이 '약수'라는 낱말을 만약 선생님께서 '약수(約數 : 어떤 수나 식을 나누어 나머지가 없이 떨어지게 하는 수나 식을 원래의 수나 식에 상대하여 이르는 말)'이라고 한자로 함께 적어서 가르쳐 주셨더라면 '약수(藥水 : 마시거나 몸에 바르거나 하면 약효가 있는 샘물)'인지 '약수(弱水 : 신선이 살았다는, 중국 서부의 전설적인 강)'인지 낱말의 의미를 시각적으로 생각할 수 있어서 여러분들은 교과서 내용을 좀 더 빠르고 정확하게 이해할 수 있게 되어 어휘력이 좋아지면서 교과 학습능력도 지금보다 더 많이 향상될 수 있었을 것으로 생각합니다.

그래서 세종대왕께서는 우리 말을 더 쉽고 정확히 익힐 수 있도록 훈민정음을 만들어 주셨습니다. 이에 2022 개정 교육과정 최신판 초등학교 교과서에 실린 한자어를 철저히 분석하여 쉽게 이해하고 활용할 수 있는 『초등교과서 한자어 학습서』를 출간하였습니다.

어린이 훈민정음을 위한 교과서 한자어 공부는 다섯 가지 즐거움 즉, 오락(五樂) 공부입니다.

오락(五樂)이란? ①수업이 즐거운 「受業樂(수업락)」, ②학교가 즐거운 「學校樂(학교락)」, ③자녀가 즐거운 「子女樂(자녀락)」, ④부모가 즐거운 「父母樂(부모락)」, ⑤가정이 즐거운 「家庭樂(가정락)」의 다섯 가지[五] 즐거움[樂]입니다.

뿌리가 튼튼해야 열매가 풍성합니다. 대한민국의 미래를 위해서라도 어린이 훈민정음을 위한 교과서 한자어 학습은 문해력을 높여주는 특별한 학습법이 될 것입니다.

◀ ◀ ◀ ◀ ◀ ◀

    어린이 훈민정음을 위한 『초등교과서 한자어 [5학년]』 학습서는 초등학교 국정교과서 과목에 실린 한자어를 완전히 분석한 자료를 바탕으로 학교 수업과 직접 연결되게 하여 우리 어린이들이 재미있고 쉽게 교과서 한자어를 익힐 수 있도록 특별 비법으로 집필하였습니다.

    아무쪼록 이 책으로 공부하는 우리 어린이들이 교과서의 내용을 더 빠르고 정확하게 이해하는 데에 도움이 되고, 나아가 즐거움 속에서 학습하고 마음껏 뛰놀면서 다양한 지식을 갖춘 글로벌 인재로 성장하는 데에 보탬이 되기를 소원합니다.

사단법인 훈민정음기념사업회 이사장/교육학박사 박 재 성

이 책의 특징

이 책은 2022 개정 교육과정에 맞춘 최신판 초등학교 5학년 국정교과서에 실린 한자어를 분석하였기 때문에 해당 학년의 교과서(국어, 수학, 과학, 도덕, 사회)에 나오는 한자어의 뜻을 쉽고 정확하게 이해하여 교과 학습능력도 향상될 수 있도록 어린이를 위한 훈민정음으로 교과서 한자어를 편집하였습니다.

1 5학년 교과서의 내용에 사용된 모든 한자어를 철저히 분석하였습니다.

2 국어, 수학, 과학, 도덕, 사회 과목의 순서대로 5학년 1, 2학기의 교과서 내용에 실린 한자어가 중복되지 않도록 배열하여 학교 수업과 직접 연관된 학습 교재가 될 수 있도록 노력하였습니다.

3 각 단원의 한자어마다 낱말을 구성하는 한자의 훈과 음은 물론 어휘의 뜻까지 노래 가사로 구성하여 누구나 노래만 부르면 저절로 외워질 수 있는 아주 특별한 학습방법을 고안하여 집필하였습니다.

4 각각의 한자어마다 단어 구성의 원리를 밝혀서 무조건 외우게 하는 책이 아니라 학생 스스로 쉽게 이해하고 재미있게 활용할 수 있는 스스로 학습법 교재가 될 수 있도록 편집하였습니다.

5 각각의 한자어마다 스스로 학습법을 채택하여 스스로 익힐 수 있도록 하여 생활 한자어 학습서의 기능은 물론이고, 개인 가정교사 역할도 할 수 있도록 편집하였습니다.

6 한자어마다 '암기비법' 방식으로 간단명료하게 한자어의 원리를 터득하고 바로 암기될 수 있는 연상기억 학습법을 도입한 특별한 교재로 편집하였습니다.

7 10개의 한자어를 학습한 후 반복 학습을 통해 자신도 모르는 사이에 저절로 외워질 수 있도록 교과서 한자어를 어린이를 위한 훈민정음으로 편집하였습니다.

8 논술의 기본이 글씨체임을 생각하여 한자어마다 바르고 예쁜 경필 쓰기 칸을 두어 글씨본의 기능도 첨가하였습니다.

교과서 한자어 학습법

한자 공부뿐만 아니라 모든 학습의 기본은 반복 학습이 최고입니다. 특히 인간은 태어나면서부터 반복하는 생활 방식을 익혀야 하는 특징을 지녔습니다.

바로 이 『초등교과서 한자어 [5학년]』 학습서는 각 페이지를 차근차근 넘겨 가면서 반복 학습하다 보면 자신도 모르게 한자 낱말이 저절로 익혀지는 특수 학습법으로 구성되었습니다.

첫째, 각 단원에서 배울 한자어 가사를 4분의 4박자 동요 곡에 붙여 노래 불러봅니다.

둘째, 10개의 한자어 한글 가사를 여러분이 알고 있는 4분의 4박자 동요 곡에 붙여 노래를 불러봅니다. 예) 금강산, 봄비, 뻐꾸기, 초록바다, 썰매, 한글날 노래 등

셋째, 이번에는 한글 가사 부분을 안 보이게 다른 종이로 가리고서 그 아래에 있는 한글과 한자로 섞어 쓴 가사를 다시 잘 보면서 노래를 불러봅니다.

넷째, 한자어를 구성하고 있는 한자의 훈[訓 : 새김]과 음[音 : 한자의 음]을 큰 소리로 여러 차례 읽어봅니다.

다섯째, 학습할 한자어의 [암기비법] 풀이를 큰 소리로 여러 차례 읽어봅니다.

여섯째, 학습할 한자어의 [사전풀이]를 큰 소리로 여러 차례 읽어봅니다.

일곱째, 한자어가 사용된 예문을 읽고서 한자어의 독음을 예쁘게 써봅니다.

여덟째, 한자어가 쓰인 문장을 읽고서 한자어를 예쁘게 경필 글씨를 써봅니다.

아홉째, 한자어 10개를 익힐 때마다 「다시 한번 해 봐요.」쪽에서 1번부터 5번까지 차근차근 따라서 배운 실력을 스스로 확인해 봅니다.

열째, 「초등교과서 한자어 평가 문제」를 스스로 풀어보고 해답을 보면서 자신의 교과서 한자 어휘 실력을 점검해 봅니다.

목차

Ⅰ. 국어

Ⅱ. 수학

Ⅴ. 사회

Ⅵ. 부록

국어

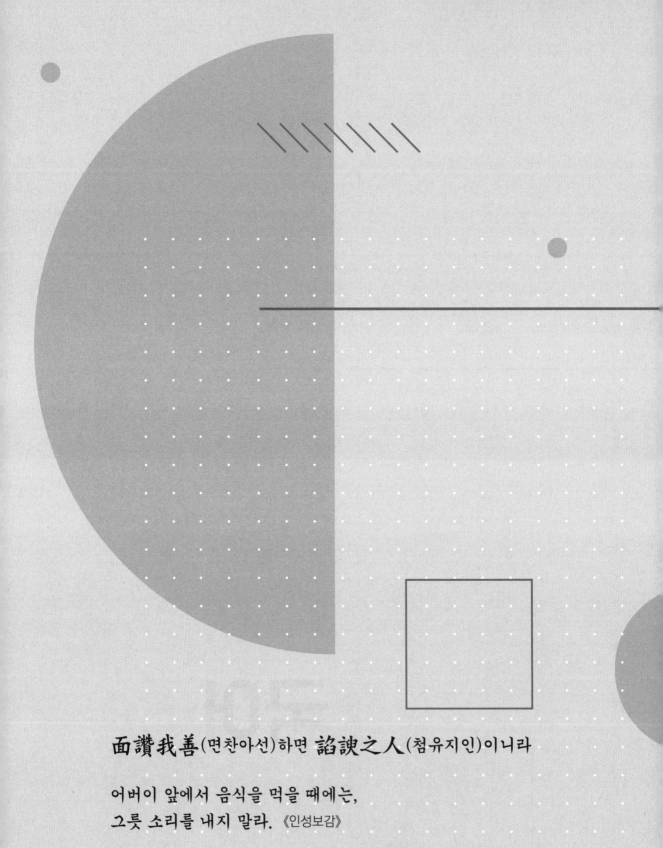

面讚我善(면찬아선)하면 **諂諛之人**(첨유지인)이니라

어버이 앞에서 음식을 먹을 때에는,
그릇 소리를 내지 말라. 《인성보감》

家族 * 簡單 * 感氣 * 感動 * 感想
健康 * 揭示板 * 經驗 * 空間 * 過程

📍 한글로 된 가사를 노래로 부르면 한자어의 뜻이 쉽게 이해돼요.

집 가 에 다	겨 레 족 은	부 부 자 녀	가 족 이 며
대 쪽 간 에	홑 단 하 면	단 순 간 략	간 단 이 고
느 낄 감 에	기 운 기 는	기 운 느 낀	감 기 이 고
느 낄 감 에	음 직 일 동	맘 음 직 인	감 동 이 고
느 낌 감 에	생 각 상 은	느 낌 생 각	감 상 이 며
굳 셀 건 에	편 안 할 강	튼 튼 하 다	건 강 이 고
들 게 하 여	보 일 시 에	널 빤 지 판	게 시 판 은
지 낼 경 에	시 험 할 험	몸 소 겪 음	경 험 이 며
빌 공 하 고	사 이 간 은	텅 빈 사 이	공 간 이 고
지 날 과 에	길 정 하 니	일 의 경 로	과 정 이 다

📍 이제는 한자로 쓰인 한자어 가사도 쉽게 읽을 수 있어요~~^^

집 家 에 다	겨 레 族 은	夫 婦 子 女	家 族 이 며
대 쪽 間 에	홑 單 하 면	單 純 簡 略	簡 單 이 고
느 낄 感 에	기 운 氣 는	氣 運 느 낀	感 氣 이 고
느 낄 感 에	음 직 일 動	맘 음 직 인	感 動 이 고
느 낌 感 에	생 각 想 은	느 낌 생 각	感 想 이 며
굳 셀 健 에	便 安 할 康	튼 튼 하 다	健 康 이 고
들 揭 하 여	보 일 示 에	널 빤 지 板	揭 示 板 은
지 낼 經 에	試 驗 할 驗	몸 소 겪 음	經 驗 이 며
빌 空 하 고	사 이 間 은	텅 빈 사 이	空 間 이 고
지 날 過 에	길 程 하 니	일 의 經 路	過 程 이 다

家 族 가족

家 집 가 + 族 겨레 족 = 家族

집안[家]의 겨레붙이[族]가 家族이다.

주로 부부를 중심으로 한, 친족 관계에 있는 사람들의 집단.

✿ 다음 빈칸에 한자어의 독음과 한자의 훈음을 예쁘게 써 보세요.

| 家族 | | / | 家 | | + | 族 | |

행복한 우리 家族.

| 家 | 族 | 家 | 族 | | | | | | |

簡 單 간단

簡 대쪽 간 + 單 홑 단 = 簡單

간략[簡]하고 단순[單]하니 簡單이다.

단순하고 간략하다.

✿ 다음 빈칸에 한자어의 독음과 한자의 훈음을 예쁘게 써 보세요.

| 簡單 | | / | 簡 | | + | 單 | |

우리 학교에 대해서 簡單하게 소개합니다.

| 簡 | 單 | 簡 | 單 | | | | | | |

感 氣　감기

感 느낄 **감** + 氣 기운 **기** = 感氣

🔵 피곤하면 느끼어지는[感] 기운[氣]이 感氣이다.

🔵 바이러스로 걸리는 호흡기계통의 질환(병).

✿ 다음 빈칸에 한자어의 독음과 한자의 훈음을 예쁘게 써 보세요.

| 感氣 | | / | 感 | | + | 氣 | |

🔵 나는 感氣가 걸려 고생했다.

感	氣	感	氣					

感 動　감동

感 느낄 **감** + 動 움직일 **동** = 感動

🔵 크게 느껴[感] 마음이 움직이는[動] 것이 感動이다.

🔵 크게 느끼어 마음이 움직임.

✿ 다음 빈칸에 한자어의 독음과 한자의 훈음을 예쁘게 써 보세요.

| 感動 | | / | 感 | | + | 動 | |

🔵 感動은 주로 가슴에서 나온다.

感	動	感	動					

感 想 감상

感 느낄 감 + 想 생각 상 = 感想

(밝게배열) 느끼어[感] 일어나는 생각[想]이 感想이다.

(사전풀이) 마음에 느끼어 일어나는 생각.

❀ 다음 빈칸에 한자어의 독음과 한자의 훈음을 예쁘게 써 보세요.

| 感想 | | / | 感 | | + | 想 | |

(독음연습) 책을 읽은 感想을 말해보세요.

| 感 | 想 | 感 | 想 | | | | | | |

健 康 건강

健 굳셀 건 + 康 편안할 강 = 健康

(밝게배열) 굳세고[健] 편안한[康] 것이 健康이다.

(사전풀이) 정신적으로나 육체적으로 아무 탈이 없고 튼튼함.

❀ 다음 빈칸에 한자어의 독음과 한자의 훈음을 예쁘게 써 보세요.

| 健康 | | / | 健 | | + | 康 | |

(독음연습) 健康을 위해서 음식을 골고루 먹어야 한다.

| 健 | 康 | 健 | 康 | | | | | | |

揭示板 게시판

揭 들 게 + 示 보일 시 + 板 널빤지 판 = 揭示板

들어[揭] 보이도록[示] 붙이는 널빤지[板]가 揭示板이다.

여러 사람에게 알릴 내용을 내붙이거나 내걸어 두루 보게 붙이는 판.

✿ 다음 빈칸에 한자어의 독음과 한자의 훈음을 예쁘게 써 보세요.

揭示板 [　　　] / 揭 [　　　] + 示 [　　　] + 板 [　　　]

각 학년 회장단 명단이 본관 揭示板에 나붙어 있었다.

揭	示	板	揭	示	板				

經驗 경험

經 지낼 경 + 驗 시험할 험 = 經驗

지내보고[經] 시험해보는[驗] 것이 經驗이다.

자신이 실제로 해 보거나 겪어 봄.

✿ 다음 빈칸에 한자어의 독음과 한자의 훈음을 예쁘게 써 보세요.

經驗 [　　　] / 經 [　　　] + 驗 [　　　]

언어 습득도 經驗을 통해 이루어지는 경우가 많다.

經	驗	經	驗						

空 間　공간

空　빌　공 ＋ 間　사이　간 ＝ 空間

 비어[空] 있는 사이[間]가 空間이다.

 아무것도 없는 빈 곳.

❀ 다음 빈칸에 한자어의 독음과 한자의 훈음을 예쁘게 써 보세요.

空間 ◻◻◻ / 空 ◻◻◻ ＋ 間 ◻◻◻

독음연습 내 방의 가구를 재배치하니 空間이 조금 더 넓어진 것 같다.

空	間	空	間						

過 程　과정

過　지날　과 ＋ 程　단위　정 ＝ 過程

지나온[過] 길[程]이 過程이다.

일이나 상태가 진행하는 경로.

❀ 다음 빈칸에 한자어의 독음과 한자의 훈음을 예쁘게 써 보세요.

過程 ◻◻◻ / 過 ◻◻◻ ＋ 程 ◻◻◻

독음연습 지금 過程이 어디까지 진행되었는지 궁금하다.

過	程	過	程						

1. 다음 ☐☐안에 알맞은 한자어를 <보기>에서 찾아 써 보세요.

보기: 感動 揭示板 感想 簡單 過程 健康 感氣 經驗 家族 空間

집 가 에 다	겨 레 족 은	부 부 자 녀		이 며
대 쪽 간 에	홑 단 하 면	단 순 간 략		이 고
느 낄 감 에	기 운 기 는	기 운 느 낀		이 고
느 낄 감 에	움 직 일 동	맘 움 직 인		이 고
느 낌 감 에	생 각 상 은	느 낌 생 각		이 며
굳 셀 건 에	편 안 할 강	튼 튼 하 다		이 고
들 게 하 여	보 일 시 에	널 빤 지 판		은
지 낼 경 에	시 험 할 험	몸 소 겪 음		이 며
빌 공 하 고	사 이 간 은	텅 빈 사 이		이 고
지 날 과 에	길 정 하 니	일 의 경 로		이 다

2. 다음 한자어의 뜻을 써 보세요.

① 家族 _____ ⑥ 健康 _____

② 簡單 _____ ⑦ 揭示板 _____

③ 感氣 _____ ⑧ 經驗 _____

④ 感動 _____ ⑨ 空間 _____

⑤ 感想 _____ ⑩ 過程 _____

3. 다음 한자어의 독음을 쓰고, 한자를 예쁘게 써 보세요.

①	家族		家	族	家	族		
②	簡單		簡	單	簡	單		
③	感氣		感	氣	感	氣		
④	感動		感	動	感	動		
⑤	感想		感	想	感	想		
⑥	健康		健	康	健	康		
⑦	揭示板		揭	示	板	揭	示	板
⑧	經驗		經	驗	經	驗		
⑨	空間		空	間	空	間		
⑩	過程		過	程	過	程		

4. 다음 한자어에 독음과 알맞은 뜻을 바르게 연결하세요.

① 簡單 • • 경험 • • 단순하고 간략하다.

② 感動 • • 과정 • • 일이나 상태가 진행하는 경로.

③ 經驗 • • 간단 • • 자신이 실제로 해 보거나 겪어 봄.

④ 過程 • • 건강 • • 크게 느끼어 마음이 움직임.

⑤ 健康 • • 감동 • • 정신적으로나 육체적으로 아무 탈이 없고 튼튼함.

廣告 * 國語 * 根據 * 氣分 * 記憶
基準 * 男子 * 內容 * 老人 * 單元

📍 한글로 된 가사를 노래로 부르면 한자어의 뜻이 쉽게 이해돼요.

넓을 광 에	알 릴 고 는	널 리 알 림	광 고 이 고
나 라 국 에	말 씀 어 는	나 랏 말 씀	국 어 이 며
뿌 리 근 에	의 거 할 거	의 견 근 본	근 거 이 고
기 운 기 에	나 눌 분 은	유 쾌 불 쾌	기 분 이 며
적 을 기 에	생 각 할 억	간 직 생 각	기 억 이 고
터 기 에 다	수 준 기 준	기 본 표 준	기 준 이 며
사 내 남 에	아 들 자 는	사 내 출 생	남 자 이 고
안 내 에 다	담 을 용 은	안 에 담 긴	내 용 이 며
늙 을 노 에	사 람 인 은	늙 은 사 람	노 인 이 고
홑 단 에 다	으 뜸 원 은	학 습 단 위	단 원 이 다

📍 이제는 한자로 쓰인 한자어 가사도 쉽게 읽을 수 있어요~~^^

넓 을 廣 에	알 릴 告 는	널 리 알 림	廣 告 이 고
나 라 國 에	말 씀 語 는	나 랏 말 씀	國 語 이 며
뿌 리 根 에	依 據 할 據	意 見 根 本	根 據 이 고
氣 運 氣 에	나 눌 分 은	愉 快 不 快	氣 分 이 며
적 을 記 에	생 각 할 憶	간 직 생 각	記 憶 이 고
터 基 에 다	水 準 器 準	基 本 標 準	基 準 이 며
사 내 男 에	아 들 子 는	사 내 出 生	男 子 이 고
안 內 에 다	담 을 容 은	안 에 담 긴	內 容 이 며
늙 을 老 에	사 람 人 은	늙 은 사 람	老 人 이 고
홑 單 에 다	으 뜸 元 은	學 習 單 位	單 元 이 다

廣 告　광고

廣 넓을 광 ＋ 告 알릴 고 ＝ 廣告

널리[廣] 알리는[告] 것이 廣告이다.

세상에 널리 알림.

❀ 다음 빈칸에 한자어의 독음과 한자의 훈음을 예쁘게 써 보세요.

| 廣告 | | / | 廣 | | ＋ | 告 | |

요즘은 허위 廣告가 하도 심해서 물건 사는 게 두렵다.

| 廣 | 告 | 廣 | 告 | | | | | | |

國 語　국어

國 나라 국 ＋ 語 말씀 어 ＝ 國語

나랏[國] 말씀[語]이 國語이다.

한 나라의 국민이 쓰는 말.

❀ 다음 빈칸에 한자어의 독음과 한자의 훈음을 예쁘게 써 보세요.

| 國語 | | / | 國 | | ＋ | 語 | |

나는 國語책 만이라도 한자로 병기해야 한다고 생각한다.

| 國 | 語 | 國 | 語 | | | | | | |

根 據　근거

根 뿌리 **근** + 據 의거할 **거** = 根據

(암기비법) 뿌리에[根] 의거하는[據] 것이 根據이다.

(사전풀이) 어떤 일이나 의논, 의견에 그 근본이 됨.

❀ 다음 빈칸에 한자어의 독음과 한자의 훈음을 예쁘게 써 보세요.

根據 [　　] / 根 [　　] + 據 [　　]

(독음연습) 신라 때, 장보고는 완도를 根據로 하여 해적을 소탕하였다.

根	據	根	據					

氣 分　기분

氣 기운 **기** + 分 나눌 **분** = 氣分

(암기비법) 기운[氣]이 나눠지는[分] 느낌이 氣分이다.

(사전풀이) 마음에 저절로 느껴지는 유쾌함이나 불쾌함 따위의 감정.

❀ 다음 빈칸에 한자어의 독음과 한자의 훈음을 예쁘게 써 보세요.

氣分 [　　] / 氣 [　　] + 分 [　　]

(독음연습) 새벽 산책을 하다 보면 자연스럽게 氣分이 좋아진다.

氣	分	氣	分					

記 憶   기억

記 적을 **기** + 憶 생각할 **억** = 記憶

적어[記] 놓듯이 새겨 두었던 것을 생각해[憶] 내는 것이 記憶이다.

머릿속에 새겨 두어 보존되거나 되살려 생각해 냄.

❀ 다음 빈칸에 한자어의 독음과 한자의 훈음을 예쁘게 써 보세요.

記憶 [   ] / 記 [   ] + 憶 [   ]

철수는 記憶력이 너무 좋아 컴퓨터라는 별명으로 불린다.

記	憶	記	憶						

基 準   기준

基 터 **기** + 準 수준기 **준** = 基準

기본[基]이 되는 표준[準]이 基準이다.

기본이 되는 표준.

❀ 다음 빈칸에 한자어의 독음과 한자의 훈음을 예쁘게 써 보세요.

基準 [   ] / 基 [   ] + 準 [   ]

나는 하루 학습량의 基準을 정하고 실천하기로 했다.

基	準	基	準						

男 子 남자

男 사내 **남** + 子 아들 **자** = 男子

 사내[男]인 사람[子]이 男子이다.

 남성의 성(性)을 지닌 사람.

❀ 다음 빈칸에 한자어의 독음과 한자의 훈음을 예쁘게 써 보세요.

男子 [　] / 男 [　] + 子 [　]

독음연습 요즈음 초등학교에는 여자 선생이 男子 선생보다 더 많다.

男	子	男	子						

內 容 내용

內 안 **내** + 容 담을 **용** = 內容

 안[內]에 담는[容] 것이 內容이다.

 말, 글, 그림, 연출 따위의 모든 표현 매체 속에 들어있는 것.

❀ 다음 빈칸에 한자어의 독음과 한자의 훈음을 예쁘게 써 보세요.

內容 [　] / 內 [　] + 容 [　]

독음연습 이 책은 內容이 너무 어려워서 이해하기가 힘들다.

內	容	內	容						

老 人　노인

老　늙을 로 ＋ 人　사람 인 ＝ 老人

늙은[老] 사람[人]이 老人이다.

나이가 많이 들어 늙은 사람.

❀ 다음 빈칸에 한자어의 독음과 한자의 훈음을 예쁘게 써 보세요.

老人 ⬚ / 老 ⬚ ＋ 人 ⬚

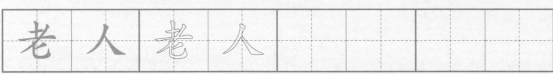

무의탁 老人들은 겨울 나는 것이 가장 두렵다고 하였다.

老	人	老	人						

單 元　단원

單　홑 단 ＋ 元　으뜸 원 ＝ 單元

홀로[單] 으뜸[元]된 내용이 單元이다.

어떤 주제나 내용을 중심으로 묶은 학습 단위.

❀ 다음 빈칸에 한자어의 독음과 한자의 훈음을 예쁘게 써 보세요.

單元 ⬚ / 單 ⬚ ＋ 元 ⬚

한 單元을 마칠 때 마다 시험을 치른다.

單	元	單	元						

1. 다음 ☐☐안에 알맞은 한자어를 <보기>에서 찾아 써 보세요.

보기	基準 國語 單元 男子 根據 記憶 廣告 內容 老人 氣分

넓을 광 에	알 릴 고 는	널 리 알 림		이	고
나 라 국 에	말 씀 어 는	나 랏 말 씀		이	며
뿌 리 근 에	의 거 할 거	의 견 근 본		이	고
기 운 기 에	나 눌 분 은	유 쾌 불 쾌		이	며
적 을 기 에	생 각 할 억	간 직 생 각		이	고
터 기 에 다	수 준 기 준	기 본 표 준		이	며
사 내 남 에	아 들 자 는	사 내 출 생		이	고
안 내 에 다	담 을 용 은	안 에 담 긴		이	며
늙 을 로 에	사 람 인 은	늙 은 사 람		이	고
홑 단 에 다	으 뜸 원 은	학 습 단 위		이	다

2. 다음 한자어의 뜻을 써 보세요.

① 廣告

② 國語

③ 根據

④ 氣分

⑤ 記憶

⑥ 基準

⑦ 男子

⑧ 內容

⑨ 老人

⑩ 單元

3. 다음 한자어의 독음을 쓰고, 한자를 예쁘게 써 보세요.

① 廣告		廣 告 廣 告			
② 國語		國 語 國 語			
③ 根據		根 據 根 據			
④ 氣分		氣 分 氣 分			
⑤ 記憶		記 憶 記 憶			
⑥ 基準		基 準 基 準			
⑦ 男子		男 子 男 子			
⑧ 內容		內 容 內 容			
⑨ 老人		老 人 老 人			
⑩ 單元		單 元 單 元			

4. 다음 한자어에 독음과 알맞은 뜻을 바르게 연결하세요.

① 廣告 ・　・ 내용 ・　・ 기본이 되는 표준.

② 根據 ・　・ 기준 ・　・ 말, 글, 그림, 연출 따위의 모든 표현 매체 속에 들어있는 것.

③ 基準 ・　・ 광고 ・　・ 어떤 일이나 의논, 의견에 그 근본이 됨.

④ 記憶 ・　・ 근거 ・　・ 머릿속에 새겨 두어 보존되거나 되살려 생각해 냄.

⑤ 內容 ・　・ 기억 ・　・ 세상에 널리 알림.

對答 * 對象 * 對話 * 讀書 * 動物
同生 * 漫畫 * 母音 * 目標 * 舞臺

📍 한글로 된 가사를 노래로 부르면 한자어의 뜻이 쉽게 이해돼요.

대 할 대 에	대 답 할 답	물 음 에 답	대 답 이 고
대 할 대 에	코 끼 리 상	어 떤 상 대	대 상 이 며
대 할 대 에	말 할 화 는	마 주 대 고	대 화 이 고
읽 을 독 에	글 서 하 면	글 을 읽 는	독 서 이 며
움 직 일 동	물 건 물 은	식 물 반 대	동 물 이 고
한 가 지 동	날 생 으 로	나 이 적 은	동 생 이 며
흩 어 질 만	그 림 화 는	간 결 그 림	만 화 이 고
어 머 니 모	소 리 음 은	홀 소 리 니	모 음 이 며
눈 목 에 다	우 듬 지 표	어 떤 목 적	목 표 이 고
춤 출 무 에	대 대 하 면	춤 추 는 대	무 대 이 다

📍 이제는 한자로 쓰인 한자어 가사도 쉽게 읽을 수 있어요~~^^

對 할 對 에	對 答 할 答	물 음 에 答	對 答 이 고
對 할 對 에	코 끼 리 象	어 떤 相 對	對 象 이 며
對 할 對 에	말 할 話 는	마 주 대 고	對 話 이 고
읽 을 讀 에	글 書 하 면	글 을 읽 는	讀 書 이 며
움 직 일 動	物 件 物 은	植 物 反 對	動 物 이 고
한 가 지 同	날 生 으 로	나 이 적 은	同 生 이 며
흩 어 질 漫	그 림 畫 는	簡 潔 그 림	漫 畫 이 고
어 머 니 母	소 리 音 은	홀 소 리 니	母 音 이 며
눈 目 에 다	우 듬 지 標	어 떤 目 的	目 標 이 고
춤 출 舞 에	臺 臺 하 면	춤 추 는 臺	舞 臺 이 다

對答 대답

對 대할 대 + 答 대답 답 = 對答

대하여[對] 답하는[答] 것이 對答이다.

부르는 말에 응하여 어떤 말을 함. 또는 그 말.

❀ 다음 빈칸에 한자어의 독음과 한자의 훈음을 예쁘게 써 보세요.

對答 [　　] / 對 [　　] + 答 [　　]

언제나 對答할 때에는 신중하게 응해야 한다.

對	答	對	答					

對象 대상

對 대할 대 + 象 코끼리 상 = 對象

서로 대하여[對] 있는 상대[象]가 對象이다.

어떤 일의 상대 또는 목표나 목적이 되는 것.

❀ 다음 빈칸에 한자어의 독음과 한자의 훈음을 예쁘게 써 보세요.

對象 [　　] / 對 [　　] + 象 [　　]

그는 점점 관심의 對象에서 멀어져 가고 있었다.

對	象	對	象					

對話 대화

| 對 | 대할 대 | + | 話 | 말할 화 | = | 對話 |

마주 대하여[對] 이야기[話]를 하는 것이 對話이다.

마주 대하여 이야기를 주고받음. 또는 그 이야기.

❀ 다음 빈칸에 한자어의 독음과 한자의 훈음을 예쁘게 써 보세요.

| 對話 | | / | 對 | | + | 話 | |

가족 간의 對話 단절은 가정 파괴의 중요한 원인이다.

| 對 | 話 | 對 | 話 | | | | | | |

讀書 독서

| 讀 | 읽을 독 | + | 書 | 글 서 | = | 讀書 |

책[書]을 읽는[讀] 것이 讀書이다.

책을 읽음.

❀ 다음 빈칸에 한자어의 독음과 한자의 훈음을 예쁘게 써 보세요.

| 讀書 | | / | 讀 | | + | 書 | |

讀書는 마음의 양식이고 인격 수양의 방편이다.

| 讀 | 書 | 讀 | 書 | | | | | | |

動 物 동물

動 움직일 동 + 物 물건 물 = 動物

움직이는[動] 생물[物]이 動物이다.

생물계의 두 갈래 가운데 하나.

❀ 다음 빈칸에 한자어의 독음과 한자의 훈음을 예쁘게 써 보세요.

| 動物 | | / | 動 | | + | 物 | |

아직도 야생 動物들이 밀렵되고 있다고 한다.

| 動 | 物 | 動 | 物 | | | | | | |

同 生 동생

同 한가지 동 + 生 날 생 = 同生

한[同] 부모에게서 태어나[生] 나이 적은 사람이 同生이다.

같은 부모에게서 태어난 자식 가운데 나이가 적은 사람.

❀ 다음 빈칸에 한자어의 독음과 한자의 훈음을 예쁘게 써 보세요.

| 同生 | | / | 同 | | + | 生 | |

나는 同生과 함께 라면을 끓여 먹었다.

| 同 | 生 | 同 | 生 | | | | | | |

漫 畫　만화

漫	흩어질 **만**	+	畫	그림 **화**	=	漫畫

(암기비법) 흩어지게[漫] 그린 그림[畫]이 漫畫이다.

(사전풀이) 이야기 따위를 간결하고 익살스럽게 그린 그림.

❀ 다음 빈칸에 한자어의 독음과 한자의 훈음을 예쁘게 써 보세요.

漫畫		/	漫		+	畫	

(독음연습) 모든 교과서를 漫畫로 그린다면 얼마나 재미있을까?

漫	畫	漫	畫					

母 音　모음

母	어머니 **모**	+	音	소리 **음**	=	母音

(암기비법) 자음을 감싸는 어머니[母] 같은 소리[音]가 母音이다.

(사전풀이) 성대의 진동을 받은 소리가 입술·코·목구멍의 장애에 의한 마찰을 받지 않고 나는 소리.

❀ 다음 빈칸에 한자어의 독음과 한자의 훈음을 예쁘게 써 보세요.

母音		/	母		+	音	

(독음연습) ㅏ,ㅑ,ㅓ,ㅕ,ㅗ,ㅛ,ㅜ,ㅠ,ㅡ,ㅣ 따위가 母음이라고 배웠다.

母	音	母	音				

目 標 목표

目 눈 목 + 標 우듬지 표 = 目標

목적[目]한 바를 표시[標]해 놓은 것이 目標이다.

어떤 목적을 이루려고 지향하는 실제적 대상으로 삼음.

❀ 다음 빈칸에 한자어의 독음과 한자의 훈음을 예쁘게 써 보세요.

| 目標 | | / | 目 | | + | 標 | |

나의 目標는 훌륭한 의사가 되는 것이다.

目	標	目	標					

舞 臺 무대

舞 춤출 무 + 臺 대 대 = 舞臺

춤출[舞] 수 있는 대[臺]가 舞臺이다.

노래, 춤, 연극 따위를 하기 위하여 만들어 놓은 조금 높은 단.

❀ 다음 빈칸에 한자어의 독음과 한자의 훈음을 예쁘게 써 보세요.

| 舞臺 | | / | 舞 | | + | 臺 | |

학예회 때 舞臺 위에서 리코더 연주를 하였습니다.

舞	臺	舞	臺					

다시 한번 해 봐요 01

1. 다음 ☐☐안에 알맞은 한자어를 <보기>에서 찾아 써 보세요.

보기 動物 母音 對答 目標 對象 同生 漫畵 讀書 舞臺 對話

대 할 대 에	대 답 할 답	물 음 에 답		이 고
대 할 대 에	코 끼 리 상	어 떤 상 대		이 며
대 할 대 에	말 할 화 는	마 주 대 고		이 고
읽 을 독 에	글 서 하 면	글 을 읽 는		이 며
움 직 일 동	물 건 물 은	식 물 반 대		이 고
한 가 지 동	날 생 으 로	나 이 적 은		이 며
흩 어 질 만	그 림 화 는	간 결 그 림		이 고
어 머 니 모	소 리 음 은	홀 소 리 니		이 며
눈 목 에 다	우 듬 지 표	어 떤 목 적		이 고
춤 출 무 에	대 대 하 면	춤 추 는 대		이 다

2. 다음 한자어의 뜻을 써 보세요.

① 對答
② 對象
③ 對話
④ 讀書
⑤ 動物
⑥ 同生
⑦ 漫畵
⑧ 母音
⑨ 目標
⑩ 舞臺

교과서 한자어 [5학년] **37**

3. 다음 한자어의 독음을 쓰고, 한자를 예쁘게 써 보세요.

①	對答		對	答	對	答		
②	對象		對	象	對	象		
③	對話		對	話	對	話		
④	讀書		讀	書	讀	書		
⑤	動物		動	物	動	物		
⑥	同生		同	生	同	生		
⑦	漫畫		漫	畫	漫	畫		
⑧	母音		母	音	母	音		
⑨	目標		目	標	目	標		
⑩	舞臺		舞	臺	舞	臺		

4. 다음 한자어에 독음과 알맞은 뜻을 바르게 연결하세요.

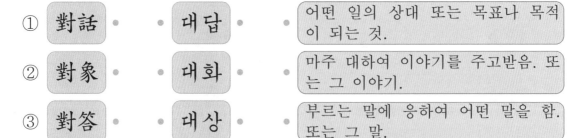

① 對話	•	• 대답	•	• 어떤 일의 상대 또는 목표나 목적이 되는 것.
② 對象	•	• 대화	•	• 마주 대하여 이야기를 주고받음. 또는 그 이야기.
③ 對答	•	• 대상	•	• 부르는 말에 응하여 어떤 말을 함. 또는 그 말.
④ 漫畫	•	• 무대	•	• 이야기 따위를 간결하고 익살스럽게 그린 그림.
⑤ 舞臺	•	• 만화	•	• 노래, 춤, 연극 따위를 하기 위하여 만들어 놓은 조금 높은 단.

文段 * 文章 * 物件 * 未安 * 發音
背景 * 寶物 * 部分 * 付託 * 分量

한글로 된 가사를 노래로 부르면 한자어의 뜻이 쉽게 이해돼요.

글 월 문 에	구 분 단 은	뮦 는 단 위	문 단 이 고
글 월 문 에	글 장 이 면	말 글 표 현	문 장 이 며
물 건 물 에	물 건 건 은	형 체 갖 춘	물 건 이 고
아 닐 미 에	편 안 할 안	편 치 못 한	미 안 이 며
필 발 에 다	소 리 음 은	말 소 리 냄	발 음 이 고
뒤 쪽 경 치	사 건 정 경	등 배 별 경	배 경 이 며
보 배 보 에	물 건 물 은	보 배 물 건	보 물 이 고
거 느 릴 부	나 눌 분 은	나 눈 하 나	부 분 이 며
줄 부 하 여	부 탁 할 탁	일 을 청 해	부 탁 이 고
나 눌 분 에	헤 아 릴 량	나 눈 정 도	분 량 이 다

이제는 한자로 쓰인 한자어 가사도 쉽게 읽을 수 있어요~~^^

글 월 文 에	구 분 段 은	뮦 는 單 位	文 段 이 고
글 월 文 에	글 章 이 면	말 글 表 現	文 章 이 며
物 件 物 에	物 件 件 은	形 體 갖 춘	物 件 이 고
아 닐 未 에	便 安 할 安	便 치 못 한	未 安 이 며
필 發 에 다	소 리 音 은	말 소 리 냄	發 音 이 고
뒤 쪽 景 致	事 件 情 景	등 背 별 景	背 景 이 며
보 배 寶 에	物 件 物 은	보 배 物 件	寶 物 이 고
거 느 릴 部	나 눌 分 은	나 눈 하 나	部 分 이 며
줄 付 하 여	付 託 할 託	일 을 請 해	付 託 이 고
나 눌 分 에	헤 아 릴 量	나 눈 程 度	分 量 이 다

文 段　문단

文　글월　문　＋　段　구분　단　＝　文段

글월[文]을 구분[段]하기 위한 단위가 文段이다.

글에서 하나로 묶을 수 있는 짤막한 단위.

❀ 다음 빈칸에 한자어의 독음과 한자의 훈음을 예쁘게 써 보세요.

文段　　　/　文　　＋　段

한편의 글은 文段이라는 작은 묶음들로 구성된다.

文	段	文	段				

文 章　문장

文　글월　문　＋　章　글　장　＝　文章

글월[文]과 글[章]이 文章이다.

어떤 생각이나 느낌을 줄거리를 세워 글자로 기록해 나타낸 것.

❀ 다음 빈칸에 한자어의 독음과 한자의 훈음을 예쁘게 써 보세요.

文章　　　/　文　　＋　章

다음 文章에서 맞춤법에 어긋난 표현을 찾아 고치시오.

文	章	文	章				

物 件　물건

物 물건 **물** + 件 물건 **건** = 物件

물질[物]이나 물건[件]을 합쳐 物件이라 한다.

일정한 형체를 갖춘 물질적 대상.

❀ 다음 빈칸에 한자어의 독음과 한자의 훈음을 예쁘게 써 보세요.

物件 ⬜ / 物 ⬜ + 件 ⬜

내가 찾고 있는 物件이 책상위에 있다.

物	件	物	件					

未 安　미안

未 아닐 **미** + 安 편안할 **안** = 未安

편안하지[安] 아니하니[未] 未安이다.

남에게 대하여 마음이 편치 못하고 부끄러움.

❀ 다음 빈칸에 한자어의 독음과 한자의 훈음을 예쁘게 써 보세요.

未安 ⬜ / 未 ⬜ + 安 ⬜

'고맙습니다. 감사합니다. 未安합니다.'라는 인사말을 사용합시다.

未	安	未	安					

發 音　발음

發　필 **발** ＋ 音　소리 **음** ＝ 發音

소리[음]를 내는[發] 것이 發音이다.

말의 소리를 냄. 또는 그 음성.

❀ 다음 빈칸에 한자어의 독음과 한자의 훈음을 예쁘게 써 보세요.

發音 [　] / 發 [　] ＋ 音 [　]

나는 아나운서가 되기 위해 정확한 發음을 꾸준히 연습한다.

發	音	發	音				

背 景　배경

背　등 **배** ＋ 景　볕 **경** ＝ 背景

등[배] 뒤의 경치[景]가 背景이다.

어떠한 사물이나 사건, 생각 등의 배후에 숨겨진 사정.

❀ 다음 빈칸에 한자어의 독음과 한자의 훈음을 예쁘게 써 보세요.

背景 [　] / 背 [　] ＋ 景 [　]

설악산을 背景으로 사진을 한 장 찍었다.

背	景	背	景				

寶 物　보물

| 寶 | 보배 | 보 | + | 物 | 물건 | 물 | = | 寶物 |

보배로운[寶] 물건[物]이 寶物이다.

썩 드물고 귀한 가치가 있는 보배로운 물건.

❀ 다음 빈칸에 한자어의 독음과 한자의 훈음을 예쁘게 써 보세요.

| 寶物 | | / | 寶 | | + | 物 | |

서울에 있는 동대문은 寶物 제1호이다.

| 寶 | 物 | 寶 | 物 | | | | | | |

部 分　부분

| 部 | 거느릴 | 부 | + | 分 | 나눌 | 분 | = | 部分 |

거느리고[部] 나눈[分] 것이 部分이다.

전체를 이루는 작은 범위.

❀ 다음 빈칸에 한자어의 독음과 한자의 훈음을 예쁘게 써 보세요.

| 部分 | | / | 部 | | + | 分 | |

나는 다리의 멍든 部分에 연고를 발랐다.

| 部 | 分 | 部 | 分 | | | | | | |

付 託 　부탁

付 　줄 **부** + 託 　부탁할 **탁** = 付託

일을 해달라고[付] 맡기는[託] 것이 付託이다.

어떤 일을 해 달라고 청하거나 맡김.

❀ 다음 빈칸에 한자어의 독음과 한자의 훈음을 예쁘게 써 보세요.

| 付託 | | / | 付 | | + | 託 | |

부모님께 이번 학비를 付託한다는 편지를 써서 보냈다.

| 付 | 託 | 付 | 託 | | | | | | |

分 量 　분량

分 　나눌 **분** + 量 　헤아릴 **량** = 分量

나누어[分] 놓은 양[量]이 分量이다.

수효, 무게 따위의 많고 적음이나 부피의 크고 작은 정도.

❀ 다음 빈칸에 한자어의 독음과 한자의 훈음을 예쁘게 써 보세요.

| 分量 | | / | 分 | | + | 量 | |

이삿짐을 풀어헤쳐놓고 보니 대형 트럭 두 대 分量이나 되었다.

| 分 | 量 | 分 | 量 | | | | | | |

▶▶▶

1. 다음 ☐☐안에 알맞은 한자어를 <보기>에서 찾아 써 보세요.

보기	寶物 文章 部分 未安 發音 文段 付託 背景 物件 分量

글 월 문 에	구 분 단 은	묶 는 단 위		이 고
글 월 문 에	글 장 이 면	말 글 표 현		이 며
물 건 물 에	물 건 건 은	형 체 갖 춘		이 고
아 닐 미 에	편 안 할 안	편 치 못 한		이 며
필 발 에 다	소 리 음 은	말 소 리 냄		이 고
뒤 쪽 경 치	사 건 정 경	등 배 볕 경		이 며
보 배 보 에	물 건 물 은	보 배 물 건		이 고
거 느 릴 부	나 눌 분 은	나 눈 하 나		이 며
줄 부 하 여	부 탁 할 탁	일 을 청 해		이 고
나 눌 분 에	헤 아 릴 량	나 눈 정 도		이 다

2. 다음 한자어의 뜻을 써 보세요.

① 文段 ⬚

② 文章 ⬚

③ 物件 ⬚

④ 未安 ⬚

⑤ 發音 ⬚

⑥ 背景 ⬚

⑦ 寶物 ⬚

⑧ 部分 ⬚

⑨ 付託 ⬚

⑩ 分量 ⬚

3. 다음 한자어의 독음을 쓰고, 한자를 예쁘게 써 보세요.

①	文段		文	段	文	段		
②	文章		文	章	文	章		
③	物件		物	件	物	件		
④	未安		未	安	未	安		
⑤	發音		發	音	發	音		
⑥	背景		背	景	背	景		
⑦	寶物		寶	物	寶	物		
⑧	部分		部	分	部	分		
⑨	付託		付	託	付	託		
⑩	分量		分	量	分	量		

4. 다음 한자어에 독음과 알맞은 뜻을 바르게 연결하세요.

① 寶物 · · 배경 · · 어떤 생각이나 느낌을 줄거리를 세워 글자로 기록해 나타낸 것.

② 文段 · · 문장 · · 어떠한 사물이나 사건, 생각 등의 배후에 숨겨진 사정.

③ 文章 · · 발음 · · 글에서 하나로 묶을 수 있는 짤막한 단위.

④ 發音 · · 문단 · · 말의 소리를 냄. 또는 그 음성.

⑤ 背景 · · 보물 · · 썩 드물고 귀한 가치가 있는 보배로운 물건.

分類 * 分析 * 事件 * 使用 * 寫眞
想像 * 狀態 * 狀況 * 說明 * 性格

📍 한글로 된 가사를 노래로 부르면 한자어의 뜻이 쉽게 이해돼요.

나 늘 분 에	무 리 류 는	종 류 나 눔	분 류 이 고
나 늘 분 에	쪼 갤 석 은	성 분 가 름	분 석 이 며
일 사 에 다	사 건 건 은	뜻 밖 의 일	사 건 이 고
부 릴 사 에	쓸 용 하 여	부 려 쓰 는	사 용 이 며
베 낄 사 에	참 진 하 면	물 체 영 상	사 진 이 고
생 각 상 에	모 양 상 은	미 리 생 각	상 상 이 며
형 상 상 에	모 양 태 는	사 물 형 편	상 태 이 고
형 상 상 에	하 물 며 황	처 한 형 편	상 황 이 며
말 씀 설 에	밝 을 명 은	밝 혀 말 함	설 명 이 고
성 품 성 에	격 식 격 은	고 유 품 성	성 격 이 다

📍 이제는 한자로 쓰인 한자어 가사도 쉽게 읽을 수 있어요~~^^

나 늘 分 에	무 리 類 는	種 類 나 눔	分 類 이 고
나 늘 分 에	쪼 갤 析 은	成 分 가 름	分 析 이 며
일 事 에 다	事 件 件 은	뜻 밖 의 일	事 件 이 고
부 릴 使 에	쓸 用 하 여	부 려 쓰 는	使 用 이 며
베 낄 寫 에	참 眞 하 면	物 體 映 像	寫 眞 이 고
생 각 想 에	模 樣 像 은	미 리 생 각	想 像 이 며
形 狀 狀 에	模 樣 態 는	事 物 形 便	狀 態 이 고
形 狀 狀 에	하 물 며 況	處 한 形 便	狀 況 이 며
말 씀 說 에	밝 을 明 은	밝 혀 말 함	說 明 이 고
性 品 性 에	格 式 格 은	固 有 品 性	性 格 이 다

分 類 분류

分 나눌 **분** + 類 무리 **류** = 分類

(말기 매원) 종류대로[類] 나누는[分] 것이 分類이다.

(사전 풀이) 사물을 종류에 따라서 가름.

❀ 다음 빈칸에 한자어의 독음과 한자의 훈음을 예쁘게 써 보세요.

| 分類 | | / | 分 | | + | 類 | |

(독음 연습) 이상의 分類를 다음의 표로 나타내보세요.

分	類	分	類						

分 析 분석

分 나눌 **분** + 析 가를 **석** = 分析

(말기 매원) 나누는[分] 가르는[析] 것이 分析이다.

(사전 풀이) 얽혀 있거나 복잡한 것을 풀어서 개별적인 요소나 성질로 나눔.

❀ 다음 빈칸에 한자어의 독음과 한자의 훈음을 예쁘게 써 보세요.

| 分析 | | / | 分 | | + | 析 | |

(독음 연습) 다음 문장의 구조를 分析하시오.

分	析	分	析						

事 件　사건

事　일　사　+　件　사건　건　=　事件

 일[事]의 사건[件]이 事件이다.

 사회적으로 문제를 일으키거나 주목을 받을 만한 뜻밖의 일.

❀ 다음 빈칸에 한자어의 독음과 한자의 훈음을 예쁘게 써 보세요.

事件 [　　] / 事 [　　] + 件 [　　]

 인물, 事件, 배경은 소설을 구성하는 3요소이다.

事	件	事	件						

使 用　사용

使　부릴　사　+　用　쓸　용　=　使用

 부려서[使] 소용되게[用] 하는 것이 使用이다.

 사물을 필요로 하거나 소용이 되는 곳에 씀.

❀ 다음 빈칸에 한자어의 독음과 한자의 훈음을 예쁘게 써 보세요.

使用 [　　] / 使 [　　] + 用 [　　]

 이 책은 외래어를 너무 지나치게 使用하는 것 같다.

使	用	使	用						

寫眞 사진

寫 베낄 **사** + 眞 참 **진** = 寫眞

참된[眞] 모습을 베껴놓은[寫] 것이 寫眞이다.

물체의 형상을 감광막 위에 나타나도록 찍어 오랫동안 보존할 수 있게 만든 영상.

❀ 다음 빈칸에 한자어의 독음과 한자의 훈음을 예쁘게 써 보세요.

寫眞		/	寫		+	眞	

나의 취미는 寫眞 찍는 것이다.

寫	眞	寫	眞					

想像 상상

想 생각할 **상** + 像 형상 **상** = 想像

어떤 형상[像]을 생각해[想] 보는 것이 想像이다.

실제로 경험하지 않은 현상이나 사물에 대하여 마음속으로 그려 봄.

❀ 다음 빈칸에 한자어의 독음과 한자의 훈음을 예쁘게 써 보세요.

想像		/	想		+	像	

그런 일이 일어나리라고는 想像도 못했다.

想	像	想	像					

狀 態　상태

狀　형상　**상** ＋ 態　모양　**태** ＝ 狀態

형상[狀]이나 모양[態]이 狀態이다.

어떤 사물이나 현상 따위가 일정한 때에 처해 있는 형편이나 모양.

❀ 다음 빈칸에 한자어의 독음과 한자의 훈음을 예쁘게 써 보세요.

| 狀態 | | / | 狀 | | ＋ | 態 | |

나는 독감 때문에 요즘 건강 狀態가 좋지 않다.

| 狀 | 態 | 狀 | 態 | | | | | |

狀 況　상황

狀　형상　**상** ＋ 況　하물며　**황** ＝ 狀況

형상[狀]이 되어 가는[況] 것이 狀況이다.

일이 되어 가는 과정이나 형편.

❀ 다음 빈칸에 한자어의 독음과 한자의 훈음을 예쁘게 써 보세요.

| 狀況 | | / | 狀 | | ＋ | 況 | |

그는 狀況이 심각한데도 아랑곳하지 않고 태평히 먹고 잤다.

| 狀 | 況 | 狀 | 況 | | | | | |

說 明　설명

說　말씀　설 ＋ 明　밝을　명 ＝ 說明

밝혀[明] 말함[說]이 說明이다.

어떤 일이나 대상의 내용을 상대편이 잘 알 수 있도록 밝혀 말함.

❀ 다음 빈칸에 한자어의 독음과 한자의 훈음을 예쁘게 써 보세요.

| 說明 | | / | 說 | | ＋ | 明 | |

어려운 한자어를 한자로 說明해 주시니 이해하기가 쉬웠다.

| 說 | 明 | 說 | 明 | | | | | | |

性 格　성격

性　성품　성 ＋ 格　격식　격 ＝ 性格

성품[性]의 격식[格]이 性格이다.

개인이 가지고 있는 고유의 성질이나 품성.

❀ 다음 빈칸에 한자어의 독음과 한자의 훈음을 예쁘게 써 보세요.

| 性格 | | / | 性 | | ＋ | 格 | |

식성을 보면 그 사람의 性格을 대충은 알 수 있다고 한다.

| 性 | 格 | 性 | 格 | | | | | | |

1. 다음 ☐☐안에 알맞은 한자어를 <보기>에서 찾아 써 보세요.

| 보기 | 說明 狀況 分析 事件 想像 使用 狀態 分類 性格 寫眞 |

나눌분에	무 리 류 는	종 류 나 눔		이 고
나 눌 분 에	쪼 갤 석 은	성 분 가 름		이 며
일 사 에 다	사 건 건 은	뜻 밖 의 일		이 고
부 릴 사 에	쓸 용 하 여	부 려 쓰 는		이 며
베 낄 사 에	참 진 하 면	물 체 영 상		이 고
생 각 상 에	모 양 상 은	미 리 생 각		이 며
형 상 상 에	모 양 태 는	사 물 형 편		이 고
형 상 상 에	하 물 며 황	처 한 형 편		이 며
말 씀 설 에	밝 을 명 은	밝 혀 말 함		이 고
성 품 성 에	격 식 격 은	고 유 품 성		이 다

2. 다음 한자어의 뜻을 써 보세요.

① 分類 ⬜

② 分析 ⬜

③ 事件 ⬜

④ 使用 ⬜

⑤ 寫眞 ⬜

⑥ 想像 ⬜

⑦ 狀態 ⬜

⑧ 狀況 ⬜

⑨ 說明 ⬜

⑩ 性格 ⬜

3. 다음 한자어의 독음을 쓰고, 한자를 예쁘게 써 보세요.

①	分類		分	類	分	類		
②	分析		分	析	分	析		
③	事件		事	件	事	件		
④	使用		使	用	使	用		
⑤	寫眞		寫	眞	寫	眞		
⑥	想像		想	像	想	像		
⑦	狀態		狀	態	狀	態		
⑧	狀況		狀	況	狀	況		
⑨	說明		說	明	說	明		
⑩	性格		性	格	性	格		

4. 다음 한자어에 독음과 알맞은 뜻을 바르게 연결하세요.

① 分析 • • 분류 • • 사물을 종류에 따라서 가름.

② 想像 • • 상황 • • 어떤 사물이나 현상 따위가 일정한 때에 처해 있는 형편이나 모양.

③ 狀態 • • 상태 • • 일이 되어 가는 과정이나 형편.

④ 狀況 • • 상상 • • 얽혀 있거나 복잡한 것을 풀어서 개별적인 요소나 성질로 나눔.

⑤ 分類 • • 분석 • • 실제로 경험하지 않은 현상이나 사물에 대하여 마음속으로 그려 봄.

受業 * 順序 * 植物 * 神奇 * 役割
鉛筆 * 禮節 * 雨傘 * 運動場 * 意見

📍 한글로 된 가사를 노래로 부르면 한자어의 뜻이 쉽게 이해돼요.

받 을 수 에	업 업 하 면	학 업 받 는	수 업 이 고
순 할 순 에	차 례 서 는	선 후 나 열	순 서 이 며
심 을 식 에	물 건 물 은	동 물 구 별	식 물 이 고
신 신 에 다	기 이 할 기	믿 지 못 할	신 기 이 며
부 릴 역 에	나 눌 할 은	맡 은 바 일	역 할 이 고
납 으 로 된	필 기 도 구	납 연 붓 필	연 필 이 며
예 도 례 에	마 디 절 은	예 의 절 차	예 절 이 고
비 우 하 고	우 산 산 은	비 를 막 는	우 산 이 며
움 직 일 운	움 직 일 동	마 당 장 의	운 동 장 이
어 떤 대 상	나 의 생 각	뜻 의 볼 견	의 견 이 다

📍 이제는 한자로 쓰인 한자어 가사도 쉽게 읽을 수 있어요~~^^

받 을 受 에	業 業 하 면	學 業 받 는	受 業 이 고
順 할 順 에	次 例 序 는	先 後 羅 列	順 序 이 며
심 을 植 에	物 件 物 은	動 物 區 別	植 物 이 고
神 神 에 다	寄 異 할 奇	믿 지 못 할	神 奇 이 며
부 릴 役 에	나 눌 割 은	맡 은 바 일	役 割 이 고
납 으 로 된	筆 記 道 具	납 鉛 붓 筆	鉛 筆 이 며
禮 度 禮 에	마 디 節 은	禮 儀 節 次	禮 節 이 고
비 雨 하 고	雨 傘 傘 은	비 를 막 는	雨 傘 이 며
움 직 일 運	움 직 일 動	마 당 場 의	運 動 場 이
어 떤 對 象	나 의 생 각	뜻 意 볼 見	意 見 이 다

受 業 　수업

受 받을 수 + 業 업 업 = 受業

학업[業]의 가르침을 받는[受] 것이 受業이다.

기술이나 학업의 가르침을 받음.

❀ 다음 빈칸에 한자어의 독음과 한자의 훈음을 예쁘게 써 보세요.

| 受業 | | / | 受 | | + | 業 | |

나는 몸이 아파서 受業을 쉬었다.

| 受 | 業 | 受 | 業 | | | | | | |

順 序 　순서

順 순할 순 + 序 차례 서 = 順序

순한[順] 차례[序]가 順序이다.

정하여진 기준에서 말하는 전후, 좌우, 상하 따위의 차례 관계.

❀ 다음 빈칸에 한자어의 독음과 한자의 훈음을 예쁘게 써 보세요.

| 順序 | | / | 順 | | + | 序 | |

이것으로써 오늘 順序를 모두 마치겠습니다.

| 順 | 序 | 順 | 序 | | | | | | |

植 物　식물

植　심을　식　+　物　물건　물　=　植物

(왕기해법) 심어져[植] 있는 물건[物]이 植物이다.

(사전풀이) 생물 중에서 동물과 구별되는 한 일군.

❀ 다음 빈칸에 한자어의 독음과 한자의 훈음을 예쁘게 써 보세요.

植物 [　] / 植 [　] + 物 [　]

(독음연습) 어머니는 정원에 다양한 종류의 植物을 심어 가꾸신다.

植	物	植	物				

神 奇　신기

神　신　신　+　奇　기이할　기　=　神奇

(왕기해법) 신[神]같이 기이한[奇] 것이 神奇이다.

(사전풀이) 믿을 수 없을 정도로 색다르고 놀랍다.

❀ 다음 빈칸에 한자어의 독음과 한자의 훈음을 예쁘게 써 보세요.

神奇 [　] / 神 [　] + 奇 [　]

(독음연습) 오늘은 국어 시간에 '神奇한 사과나무'에 대해 배웠다.

神	奇	神	奇				

役 割　역할

役 부릴 **역** + 割 나눌 **할** = 役割

(말기 매력) 자기에게 나누어진[割] 일[役]이 役割이다.

(자전 물이) 일정한 자격으로 자신이 하여야 할 맡은 바의 일.

❀ 다음 빈칸에 한자어의 독음과 한자의 훈음을 예쁘게 써 보세요.

役割 [　] / 役 [　] + 割 [　]

(독음 연습) 우리는 각자의 役割에 최선을 다하기로 다짐을 하였다.

役	割	役	割						

鉛 筆　연필

鉛 납 **연** + 筆 붓 **필** = 鉛筆

(말기 매력) 납[鉛]으로 만든 붓[筆]이 鉛筆이다.

(자전 물이) 필기도구의 하나.

❀ 다음 빈칸에 한자어의 독음과 한자의 훈음을 예쁘게 써 보세요.

鉛筆 [　] / 鉛 [　] + 筆 [　]

(독음 연습) 내 필통 속에는 鉛筆이 세 자루가 들어 있습니다.

鉛	筆	鉛	筆						

禮節　예절

禮 예도 **례** + 節 마디 **절** = 禮節

예의[禮]와 범절[節]이 禮節이다.

예의에 관한 모든 절차나 질서.

❀ 다음 빈칸에 한자어의 독음과 한자의 훈음을 예쁘게 써 보세요.

禮節 ⬚ / 禮 ⬚ + 節 ⬚

禮節을 지키는 것은 또 다른 아름다움입니다.

禮	節	禮	節				

雨傘　우산

雨 비 **우** + 傘 우산 **산** = 雨傘

비[雨]가 올 때 쓰는[傘] 것이 雨傘이다.

우비의 하나. 펴고 접을 수 있어 손에 들고 머리 위를 가린다.

❀ 다음 빈칸에 한자어의 독음과 한자의 훈음을 예쁘게 써 보세요.

雨傘 ⬚ / 雨 ⬚ + 傘 ⬚

형형색색의 雨傘이 거리를 가득 매웠다.

雨	傘	雨	傘				

運動場 운동장

運 움직일 운 + 動 움직일 동 + 場 마당 장 = 運動場

운동[運動]할 수 있는 넓은 마당[場]이 運動場이다.

운동 경기나 놀이 따위를 할 수 있도록 여러 설비를 갖춘 넓은 마당.

❀ 다음 빈칸에 한자어의 독음과 한자의 훈음을 예쁘게 써 보세요.

運動場 [　] / 運 [　] + 動 [　] + 場 [　]

오늘 아침에는 학교 運動場을 열 바퀴나 돌았다.

運	動	場	運	動	場			

意見 의견

意 뜻 의 + 見 볼 견 = 意見

상대의 뜻[意]을 보는[見] 것이 意見이다.

어떤 대상에 대하여 가지는 생각.

❀ 다음 빈칸에 한자어의 독음과 한자의 훈음을 예쁘게 써 보세요.

意見 [　] / 意 [　] + 見 [　]

너는 매사에 당당하게 자신의 意見을 표현하여야 한다.

意	見	意	見					

1. 다음 ☐☐안에 알맞은 한자어를 <보기>에서 찾아 써 보세요.

보기	役割 受業 神奇 鉛筆 雨傘 順序 運動場 意見 禮節 植物

받 을 수 에	업 업 하 면	학 업 받 는		이 고
순 할 순 에	차 례 서 는	선 후 나 열		이 며
심 을 식 에	물 건 물 은	동 물 구 별		이 고
신 신 에 다	기 이 할 기	믿 지 못 할		이 며
부 릴 역 에	나 눌 할 은	맡 은 바 일		이 고
납 으 로 된	필 기 도 구	납 연 붓 필		이 며
예 도 례 에	마 디 절 은	예 의 절 차		이 고
비 우 하 고	우 산 산 은	비 를 막 는		이 며
움 직 일 운	움 직 일 동	마 당 장 의		이
어 떤 대 상	나 의 생 각	뜻 의 볼 견		이 다

2. 다음 한자어의 뜻을 써 보세요.

① 受業 [ ]

② 順序 [ ]

③ 植物 [ ]

④ 神奇 [ ]

⑤ 役割 [ ]

⑥ 鉛筆 [ ]

⑦ 禮節 [ ]

⑧ 雨傘 [ ]

⑨ 運動場 [ ]

⑩ 意見 [ ]

3. 다음 한자어의 독음을 쓰고, 한자를 예쁘게 써 보세요.

①	受業		受	業	受	業		
②	順序		順	序	順	序		
③	植物		植	物	植	物		
④	神奇		神	奇	神	奇		
⑤	役割		役	割	役	割		
⑥	鉛筆		鉛	筆	鉛	筆		
⑦	禮節		禮	節	禮	節		
⑧	雨傘		雨	傘	雨	傘		
⑨	運動場		運	動	場	運	動	場
⑩	意見		意	見	意	見		

4. 다음 한자어에 독음과 알맞은 뜻을 바르게 연결하세요.

① 受業 • • 수업 • • 예의에 관한 모든 절차나 질서.

② 役割 • • 예절 • • 기술이나 학업의 가르침을 받음.

③ 禮節 • • 역할 • • 일정한 자격으로 자신이 하여야 할 맡은 바의 일.

④ 順序 • • 의견 • • 정하여진 기준에서 말하는 전후, 좌우, 상하 따위의 차례 관계.

⑤ 意見 • • 순서 • • 어떤 대상에 대하여 가지는 생각.

人物 ＊ 資料 ＊ 作品 ＊ 場所 ＊ 適用
適切 ＊ 傳達 ＊ 電話 ＊ 節次 ＊ 整理

📍 한글로 된 가사를 노래로 부르면 한자어의 뜻이 쉽게 이해돼요.

사 람 인 에	만 물 물 은	사 람 다 운	인 물 이 고
재 물 자 에	헤 아 릴 료	바 탕 재 료	자 료 이 며
지 을 작 에	물 건 품 은	만 든 물 품	작 품 이 고
마 당 장 에	곳 소 하 면	무 엇 하 는	장 소 이 며
맞 을 적 에	쓸 용 하 면	맞 추 어 씀	적 용 이 고
맞 을 적 에	끊 을 절 은	꼭 알 맞 다	적 절 이 며
전 할 전 에	이 를 달 은	전 해 이 른	전 달 이 고
번 개 전 에	이 야 기 화	전 파 대 화	전 화 이 며
마 디 절 에	버 금 차 면	순 서 방 법	절 차 이 고
가 지 런 정	이 치 리 는	질 서 상 태	정 리 이 다

📍 이제는 한자로 쓰인 한자어 가사도 쉽게 읽을 수 있어요~~^^

사 람 人 에	萬 物 物 은	사 람 다 운	人 物 이 고
財 物 資 에	헤 아 릴 料	바 탕 材 料	資 料 이 며
지 을 作 에	物 件 品 은	만 든 物 品	作 品 이 고
마 당 場 에	곳 所 하 면	무 엇 하 는	場 所 이 며
맞 을 適 에	쓸 用 하 면	맞 추 어 씀	適 用 이 고
맞 을 適 에	끊 을 切 은	꼭 알 맞 다	適 切 이 며
傳 할 傳 에	이 를 達 은	傳 해 이 른	傳 達 이 고
번 개 電 에	이 야 기 話	電 波 對 話	電 話 이 며
마 디 節 에	버 금 次 면	順 序 方 法	節 次 이 고
가 지 런 整	理 致 理 는	秩 序 狀 態	整 理 이 다

人 物 　인물

人 　사람 　인 ＋ 物 　만물 　물 ＝ 人物

(받기
회림) 만물[物]의 영장인 사람[人]이 人物이다.

(사전
풀이) 생김새나 됨됨이로 본 사람.

❀ 다음 빈칸에 한자어의 독음과 한자의 훈음을 예쁘게 써 보세요.

人物 ☐ ／ 人 ☐ ＋ 物 ☐

(독음
연습) 아버지가 올해의 주요 人物에 자랑스럽게 선정되셨다.

人	物	人	物				

資 料 　자료

資 　재물 　자 ＋ 料 　헤아릴 　료 ＝ 資料

(받기
회림) 재물[資]의 재료[料]가 資料이다.

(사전
풀이) 연구나 조사 따위의 바탕이 되는 재료.

❀ 다음 빈칸에 한자어의 독음과 한자의 훈음을 예쁘게 써 보세요.

資料 ☐ ／ 資 ☐ ＋ 料 ☐

(독음
연습) 먼저 資料를 수집하고 정리하는 것이 책을 쓰는 첫걸음이다.

資	料	資	料				

作 品 작품

作 지을 작 + 品 물건 품 = 作品

만든[作] 물건[品]이 作品이다.

예술 창작의 결과물.

❀ 다음 빈칸에 한자어의 독음과 한자의 훈음을 예쁘게 써 보세요.

作品 [　] / 作 [　] + 品 [　]

훌륭한 문학 作品이 제대로 평가를 받지 못하고 있는 것 같다.

作	品	作	品					

場 所 장소

場 마당 장 + 所 곳 소 = 場所

일이 일어난 마당[場]이 있는 곳[所]이 場所이다.

어떤 일이 이루어지거나 일어나는 곳.

❀ 다음 빈칸에 한자어의 독음과 한자의 훈음을 예쁘게 써 보세요.

場所 [　] / 場 [　] + 所 [　]

우리는 약속한 場所에 늦지 않으려고 열심히 뛰어갔다.

場	所	場	所					

適 用　적용

適　맞을　적　+　用　쓸　용　=　適用

알맞게[適] 쓰는[用] 것이 適用이다.

알맞게 이용하거나 맞추어 씀.

❀ 다음 빈칸에 한자어의 독음과 한자의 훈음을 예쁘게 써 보세요.

| 適用 | | / | 適 | | + | 用 | |

독음
연습　법은 모든 국민에게 똑같이 適用 되어야 한다.

適	用	適	用						

適 切　적절

適　맞을　적　+　切　끊을　절　=　適切

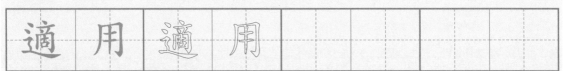
알맞게[適] 끊어지는[切] 것이 適切이다.

정도나 기준에 꼭 알맞음.

❀ 다음 빈칸에 한자어의 독음과 한자의 훈음을 예쁘게 써 보세요.

| 適切 | | / | 適 | | + | 切 | |

독음
연습　가족들이 함께 보기에 適切한 티브이 프로그램이 적은 것 같다.

適	切	適	切						

傳 達　전달

傳 전할 전 ＋ 達 이를 달 ＝ 傳達

（암기회법） 전하여[傳] 이르게[達] 하는 것이 傳達이다.

（사전풀이） 소식이나 말 따위를 사람에게 전하여 이르게 함.

❀ 다음 빈칸에 한자어의 독음과 한자의 훈음을 예쁘게 써 보세요.

傳達 [　　] / 傳 [　　] ＋ 達 [　　]

（독음연습） 내 고향은 오지라서 소식 傳達이 잘 이루어지지 않는다.

傳	達	傳	達					

電 話　전화

電 번개 전 ＋ 話 말할 화 ＝ 電話

（암기회법） 번개[電]처럼 빨리 이야기[話]를 주고받는 것이 電話이다.

（사전풀이） 전화기를 이용하여 말을 주고받음.

❀ 다음 빈칸에 한자어의 독음과 한자의 훈음을 예쁘게 써 보세요.

電話 [　　] / 電 [　　] ＋ 話 [　　]

（독음연습） 나는 긴급 電話를 받고 바로 달려나갔다.

電	話	電	話					

節 次　절차

節 마디 절 ＋ 次 버금 차 ＝ 節次

마디[節]의 순서[次]와 같은 것이 節次이다.

일을 치르는 데 거쳐야 하는 순서나 방법.

❀ 다음 빈칸에 한자어의 독음과 한자의 훈음을 예쁘게 써 보세요.

節次 　　　 / 節 　　　 ＋ 次 　　　

정해진 節次를 무시하려고 해서는 안된다.

節	次	節	次				

整 理　정리

整 가지런할 정 ＋ 理 이치 리 ＝ 整理

가지런하게[整] 다스리는[理] 것이 整理이다.

흐트러진 것을 한데 모으거나 치워서 질서 있는 상태가 되게 함.

❀ 다음 빈칸에 한자어의 독음과 한자의 훈음을 예쁘게 써 보세요.

整理 　　　 / 整 　　　 ＋ 理 　　　

책상 서랍의 整理 상태를 보면 사용자의 성격을 짐작할 수 있다.

整	理	整	理				

다시 한번 해 봐요 01

▶▶▶

1. 다음 ☐☐안에 알맞은 한자어를 <보기>에서 찾아 써 보세요.

| 보기 | 電話 適用 人物 資料 節次 場所 適切 傳達 整理 作品 |

사 람 인 에	만 물 물 은	사 람 다 운		이 고
재 물 자 에	헤 아 릴 료	바 탕 재 료		이 며
지 을 작 에	물 건 품 은	만 든 물 품		이 고
마 당 장 에	곳 소 하 면	무 엇 하 는		이 며
맞 을 적 에	쓸 용 하 면	맞 추 어 씀		이 고
맞 을 적 에	끊 을 절 은	꼭 알 맞 다		이 며
전 할 전 에	이 를 달 은	전 해 이 른		이 고
번 개 전 에	이 야 기 화	전 파 대 화		이 며
마 디 절 에	버 금 차 면	순 서 방 법		이 고
가 지 런 정	이 치 리 는	질 서 상 태		이 다

2. 다음 한자어의 뜻을 써 보세요.

① 人物

② 資料

③ 作品

④ 場所

⑤ 適用

⑥ 適切

⑦ 傳達

⑧ 電話

⑨ 節次

⑩ 整理

3. 다음 한자어의 독음을 쓰고, 한자를 예쁘게 써 보세요.

①	人物		人	物	人	物		
②	資料		資	料	資	料		
③	作品		作	品	作	品		
④	場所		場	所	場	所		
⑤	適用		適	用	適	用		
⑥	適切		適	切	適	切		
⑦	傳達		傳	達	傳	達		
⑧	電話		電	話	電	話		
⑨	節次		節	次	節	次		
⑩	整理		整	理	整	理		

4. 다음 한자어에 독음과 알맞은 뜻을 바르게 연결하세요.

①	資料	•	•	적절	•	•	알맞게 이용하거나 맞추어 씀.
②	適用	•	•	적용	•	•	정도나 기준에 꼭 알맞음.
③	適切	•	•	자료	•	•	소식이나 말 따위를 사람에게 전하여 이르게 함.
④	傳達	•	•	정리	•	•	흐트러진 것을 한데 모으거나 치워서 질서 있는 상태가 되게 함.
⑤	整理	•	•	전달	•	•	연구나 조사 따위의 바탕이 되는 재료.

精確 * 題目 * 提示 * 提案 * 調査
朝鮮 * 種類 * 周邊 * 主題 * 中心

📍 한글로 된 가사를 노래로 부르면 한자어의 뜻이 쉽게 이해돼요.

정 밀 할 정	굳 을 확 은	정 밀 확 실	정 확 이 고
표 제 제 에	눈 목 자 는	대 표 이 름	제 목 이 며
끌 제 하 여	보 일 시 면	의 사 표 시	제 시 이 고
끌 제 에 다	책 상 안 은	의 견 내 는	제 안 이 며
고 를 조 에	조 사 할 사	자 세 히 봄	조 사 이 고
아 침 조 에	고 을 선 은	한 양 천 도	조 선 이 며
씨 종 에 다	무 리 류 는	사 물 갈 래	종 류 이 고
두 루 주 에	가 변 이 면	어 떤 둘 레	주 변 이 며
주 인 주 에	표 제 제 는	중 심 제 목	주 제 이 고
가 운 데 중	마 음 심 은	한 가 운 데	중 심 이 다

📍 이제는 한자로 쓰인 한자어 가사도 쉽게 읽을 수 있어요~~^^

精 密 할 精	굳 을 確 은	精 密 確 實	精 確 이 고
標 題 題 에	눈 目 字 는	代 表 이 름	題 目 이 며
끌 提 하 여	보 일 示 면	意 思 表 示	提 示 이 고
끌 提 에 다	冊 床 案 은	意 見 내 는	提 案 이 며
고 를 調 에	調 査 할 査	仔 細 히 봄	調 査 이 고
아 침 朝 에	고 을 鮮 은	漢 陽 遷 都	朝 鮮 이 며
씨 種 에 다	무 리 類 는	事 物 갈 래	種 類 이 고
두 루 周 에	가 邊 이 면	어 떤 둘 레	周 邊 이 며
主 人 主 에	表 題 題 는	中 心 題 目	主 題 이 고
가 운 데 中	마 음 心 은	한 가 운 데	中 心 이 다

精 確　정확

精 정밀할 정 + 確 굳을 확 = 精確

정밀하고[精] 확실한[確] 것이 精確이다.

정밀하고 확실함.

❀ 다음 빈칸에 한자어의 독음과 한자의 훈음을 예쁘게 써 보세요.

| 精確 | | / | 精 | | + | 確 | |

이 사건의 원인을 精確히 분석하여 보고하라.

| 精 | 確 | 精 | 確 | | | | | | |

題 目

題 제목 제 + 目 눈 목 = 題目

표제[題]를 눈[目]처럼 붙이는 것이 題目이다.

작품이나 강연 따위에서, 그 내용을 보이기 위하여 붙이는 이름.

❀ 다음 빈칸에 한자어의 독음과 한자의 훈음을 예쁘게 써 보세요.

| 題目 | | / | 題 | | + | 目 | |

'꽃'이라는 題目으로 글을 써보기로 하였다.

| 題 | 目 | 題 | 目 | | | | | | |

提 示　제시

提 끌 제 + 示 보일 시 = 提示

(빠기체찔) 끌어서[提] 보이는[示] 것이 提示이다.

(자리뿔이) 어떠한 의사를 말이나 글로 나타내어 보임.

❀ 다음 빈칸에 한자어의 독음과 한자의 훈음을 예쁘게 써 보세요.

提示 [　] / 提 [　] + 示 [　]

(독음연습) 학급회의에서 여러 가지 의견이 提示되었다.

提	示	提	示						

提 案　제안

提 끌 제 + 案 책상 안 = 提案

(빠기체찔) 안[案]을 끌어[提] 내놓은 것이 提案이다.

(자리뿔이) 안이나 의견으로 내놓음.

❀ 다음 빈칸에 한자어의 독음과 한자의 훈음을 예쁘게 써 보세요.

提案 [　] / 提 [　] + 案 [　]

(독음연습) 나는 내일 다시 한번 만나자고 提案을 했다.

提	案	提	案						

調 査　조사

調　고를　조　＋　査　조사할　사　＝　調査

고르게[調] 조사하는[査] 것이 調査이다.

사물의 내용을 명확히 알기 위하여 자세히 살펴보거나 찾아봄.

❀ 다음 빈칸에 한자어의 독음과 한자의 훈음을 예쁘게 써 보세요.

| 調査 | | / | 調 | | ＋ | 査 | |

설문 調査 결과를 발표하기 위해 밤을 새워 준비했다.

| 調 | 査 | 調 | 査 | | | | | | |

朝 鮮　조선

朝　아침　조　＋　鮮　고울　선　＝　朝鮮

아침[朝]처럼 고운[鮮] 나라가 朝鮮이다.

1392년 이성계가 고려를 무너뜨리고 세운 나라.

❀ 다음 빈칸에 한자어의 독음과 한자의 훈음을 예쁘게 써 보세요.

| 朝鮮 | | / | 朝 | | ＋ | 鮮 | |

朝鮮사람으로 朝鮮의 첫 번째 왕은 세종대왕이다.

| 朝 | 鮮 | 朝 | 鮮 | | | | | | |

種 類　종류

種　씨　종　+　類　무리　류　=　種類

씨[種]의 무리[類]처럼 나눈 갈래가 種類이다.

일정한 특질에 따라 나눠지는 사물의 갈래.

❀ 다음 빈칸에 한자어의 독음과 한자의 훈음을 예쁘게 써 보세요.

種類　□　/　種　□　+　類　□

나는 국밥 種類의 음식은 별로 좋아하지 않는다.

種	類	種	類					

周 邊　주변

周　두루　주　+　邊　가　변　=　周邊

둘레[周]의 가[邊]가 周邊이다.

어떤 대상의 둘레.

❀ 다음 빈칸에 한자어의 독음과 한자의 훈음을 예쁘게 써 보세요.

周邊　□　/　周　□　+　邊　□

너는 너무 지나치게 周邊 사람들을 의식하는 것이 문제다.

周	邊	周	邊					

主 題　주제

| 主 | 주인 **주** | + | 題 | 제목 **제** | = | 主題 |

주된[主] 제목[題]이 主題이다.

대화나 연구 따위에서 중심이 되는 문제.

❀ 다음 빈칸에 한자어의 독음과 한자의 훈음을 예쁘게 써 보세요.

| 主題 | | / | 主 | | + | 題 | |

이 책은 主題를 파악하기가 쉽지 않다.

| 主 | 題 | 主 | 題 | | | | | | |

中 心　중심

| 中 | 가운데 **중** | + | 心 | 마음 **심** | = | 中心 |

가운데[中]의 마음[心]이 中心이다.

사물의 한가운데.

❀ 다음 빈칸에 한자어의 독음과 한자의 훈음을 예쁘게 써 보세요.

| 中心 | | / | 中 | | + | 心 | |

내 자신의 경험을 中心으로 글을 써서 칭찬을 받았다.

| 中 | 心 | 中 | 心 | | | | | | |

1. 다음 ☐☐안에 알맞은 한자어를 <보기>에서 찾아 써 보세요.

보기
周邊 調査 精確 種類 題目 朝鮮 提案 主題 中心 提示

정 밀 할 정	굳 을 확 은	정 밀 확 실		이 고
표 제 제 에	눈 목 자 는	대 표 이 름		이 며
끌 제 하 여	보 일 시 면	의 사 표 시		이 고
끌 제 에 다	책 상 한 은	의 견 내 는		이 며
고 를 조 에	조 사 할 사	자 세 히 봄		이 고
아 침 조 에	고 울 선 은	한 양 천 도		이 며
씨 종 에 다	무 리 류 는	사 물 갈 래		이 고
두 루 주 에	가 변 이 면	어 떤 둘 레		이 며
주 인 주 에	표 제 제 는	중 심 제 목		이 고
가 운 데 중	마 음 심 은	한 가 운 데		이 다

2. 다음 한자어의 뜻을 써 보세요.

① 精確 ☐ ⑥ 朝鮮 ☐

② 題目 ☐ ⑦ 種類 ☐

③ 提示 ☐ ⑧ 周邊 ☐

④ 提案 ☐ ⑨ 主題 ☐

⑤ 調査 ☐ ⑩ 中心 ☐

3. 다음 한자어의 독음을 쓰고, 한자를 예쁘게 써 보세요.

① 精確		精	確	精	確		
② 題目		題	目	題	目		
③ 提示		提	示	提	示		
④ 提案		提	案	提	案		
⑤ 調査		調	査	調	査		
⑥ 朝鮮		朝	鮮	朝	鮮		
⑦ 種類		種	類	種	類		
⑧ 周邊		周	邊	周	邊		
⑨ 主題		主	題	主	題		
⑩ 中心		中	心	中	心		

4. 다음 한자어에 독음과 알맞은 뜻을 바르게 연결하세요.

① 精確 • • 종류 • • 어떤 대상의 둘레.

② 提示 • • 주변 • • 일정한 특질에 따라 나눠지는 사물의 갈래.

③ 提案 • • 정확 • • 자세하고 확실함.

④ 種類 • • 제시 • • 안이나 의견으로 내놓음.

⑤ 周邊 • • 제안 • • 어떠한 의사를 말이나 글로 나타내어 보임.

地球 ＊ 直接 ＊ 質問 ＊ 斟酌 ＊ 次例
淸掃 ＊ 親舊 ＊ 討論 ＊ 討議 ＊ 便紙

📍 한글로 된 가사를 노래로 부르면 한자어의 뜻이 쉽게 이해돼요.

인 류 사 는	천 체 라 서	땅 지 공 구	지 구 이 고
곧 을 직 에	이 을 접 은	바 로 연 결	직 접 이 며
바 탕 질 에	물 을 문 은	바 탕 물 음	질 문 이 고
짐 작 할 짐	슬 부 을 작	어 림 생 각	짐 작 이 며
버 금 차 에	법 식 례 는	순 서 구 분	차 례 이 고
맑 을 청 에	쓸 소 이 니	맑 게 쓸 어	청 소 이 며
친 할 친 에	옛 구 하 여	친 한 사 귐	친 구 이 고
칠 토 에 다	논 할 론 은	의 견 논 의	토 론 이 며
칠 토 하 여	의 논 할 의	검 토 협 의	토 의 이 고
편 할 편 에	종 이 지 는	소 식 적 은	편 지 이 다

📍 이제는 한자로 쓰인 한자어 가사도 쉽게 읽을 수 있어요~~^^

人 類 사 는	天 體 라 서	땅 地 공 球	地 球 이 고
곧 을 直 에	이 을 接 은	바 로 연 결	直 接 이 며
바 탕 質 에	물 을 問 은	바 탕 물 음	質 問 이 고
斟 酌 할 斟	슬 부 을 酌	어 림 생 각	斟 酌 이 며
버 금 次 에	法 式 例 는	順 序 區 分	次 例 이 고
맑 을 淸 에	쓸 掃 이 니	맑 게 쓸 어	淸 掃 이 며
親 할 親 에	옛 舊 하 여	親 한 사 귐	親 舊 이 고
칠 討 에 다	論 할 論 은	意 見 論 議	討 論 이 며
칠 討 하 여	議 論 할 議	檢 討 協 議	討 議 이 고
便 할 便 에	종 이 紙 는	消 息 적 은	便 紙 이 다

地球 지구

地 땅 지 + 球 공 구 = 地球

땅[地]이 공[球]처럼 생긴 천체가 地球이다.

인류가 살고 있는 천체.

❀ 다음 빈칸에 한자어의 독음과 한자의 훈음을 예쁘게 써 보세요.

| 地球 | | / | 地 | | + | 球 | |

우리는 하나밖에 없는 地球를 아끼고 보존해야 한다.

| 地 | 球 | 地 | 球 | | | | | | |

直接 직접

直 곧을 직 + 接 이을 접 = 直接

곧바로[直] 이어지는[接] 관계가 直接이다.

중간에 제삼자나 매개물이 없이 바로 연결되는 관계.

❀ 다음 빈칸에 한자어의 독음과 한자의 훈음을 예쁘게 써 보세요.

| 直接 | | / | 直 | | + | 接 | |

다른 사람을 보내지 말고 본인이 直接 오세요.

| 直 | 接 | 直 | 接 | | | | | | |

質 問　질문

質 바탕 질 ＋ 問 물을 문 ＝ 質問

바탕[質]을 물어보는[問] 것이 質問이다.

알고자 하는 바를 얻기 위해 물음.

❀ 다음 빈칸에 한자어의 독음과 한자의 훈음을 예쁘게 써 보세요.

| 質問 | | / | 質 | | ＋ | 問 | |

수업 시간에 선생님께 質問을 하였다.

| 質 | 問 | 質 | 問 | | | | | | |

斟 酌　짐작

斟 짐작할 짐 ＋ 酌 술 부을 작 ＝ 斟酌

어림잡아[斟] 술 붓는[酌] 것이 斟酌이다.

사정이나 형편 따위를 어림잡아 헤아림.

❀ 다음 빈칸에 한자어의 독음과 한자의 훈음을 예쁘게 써 보세요.

| 斟酌 | | / | 斟 | | ＋ | 酌 | |

내 斟酌대로 영화는 재미가 없었다.

| 斟 | 酌 | 斟 | 酌 | | | | | | |

次 例 차례

次 버금 **차** + 例 법식 **례** = 次例

(암기메뀜) 버금[次]하는 법식[例] 관계가 次例이다.

(사전풀이) 순서 있게 구분하여 벌려 나가는 관계.

❀ 다음 빈칸에 한자어의 독음과 한자의 훈음을 예쁘게 써 보세요.

| 次例 | | / | 次 | | + | 例 | |

(독음연습) 책을 읽기 전에 次例를 보고 내용의 얼개를 파악하는 것이 좋다.

| 次 | 例 | 次 | 例 | | | | | | |

清 掃 청소

清 맑을 **청** + 掃 쓸 **소** = 清掃

(암기메뀜) 맑게[清] 쓰는[掃] 것이 清掃이다.

(사전풀이) 더럽거나 어지러운 것을 치우고 없애 깨끗이 함.

❀ 다음 빈칸에 한자어의 독음과 한자의 훈음을 예쁘게 써 보세요.

| 清掃 | | / | 清 | | + | 掃 | |

(독음연습) 나는 교실 清掃를 다 마치고 언니와 함께 집으로 돌아왔다.

| 清 | 掃 | 清 | 掃 | | | | | | |

親 舊　친구

親　친할　친 ＋ 舊　옛　구 ＝ 親舊

(말기 떼쓸) 오랫동안[舊] 친하게[親] 지내온 사람이 親舊이다.

(사전 풀이) 가깝게 오래 사귄 사람.

❀ 다음 빈칸에 한자어의 독음과 한자의 훈음을 예쁘게 써 보세요.

親舊 　　　 / 親 　　　 ＋ 舊 　　　

(독음 연습) 나는 親舊의 생일 초대장을 받았다.

親	舊	親	舊					

討 論　토론

討　칠　토 ＋ 論　말할　론 ＝ 討論

(말기 떼쓸) 토의[討]하고 의논[論]하는 것이 討論이다.

(사전 풀이) 어떤 문제에 대하여 여러 사람이 각각 의견을 말하며 논의함.

❀ 다음 빈칸에 한자어의 독음과 한자의 훈음을 예쁘게 써 보세요.

討論 　　　 / 討 　　　 ＋ 論 　　　

(독음 연습) 회의실에서는 열띤 討論이 벌어지고 있다.

討	論	討	論					

討 議 토의

討 칠 **토** + 議 의논할 **의** = 討議

검토[討]하고 협의하는[議] 것이 討議이다.

어떤 문제에 대하여 함께 검토하고 협의함.

✿ 다음 빈칸에 한자어의 독음과 한자의 훈음을 예쁘게 써 보세요.

| 討議 | | / | 討 | | + | 議 | |

우리는 불우한 급우를 도울 방법에 대해 討議를 하였다.

| 討 | 議 | 討 | 議 | | | | | | |

便 紙 편지

便 편할 **편** + 紙 종이 **지** = 便紙

편안하게[便] 지내시는지 적어 보내는 종이[紙]가 便紙이다.

안부, 소식, 용무 따위를 적어 보내는 글.

✿ 다음 빈칸에 한자어의 독음과 한자의 훈음을 예쁘게 써 보세요.

| 便紙 | | / | 便 | | + | 紙 | |

요즈음은 종이에 직접 쓰는 便紙가 점점 줄어들고 있다.

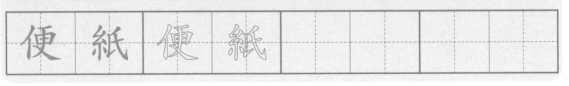

| 便 | 紙 | 便 | 紙 | | | | | | |

1. 다음 ☐☐안에 알맞은 한자어를 <보기>에서 찾아 써 보세요.

보기	斟酌 次例 地球 討議 質問 親舊 討論 便紙 淸掃 直接

인 류 사 는	천 체 라 서	땅 지 공 구		이 고
곧 을 직 에	이 을 접 은	바 로 연 결		이 며
바 탕 질 에	물 을 문 은	바 탕 물 음		이 고
짐 작 할 짐	술 부 을 작	어 림 생 각		이 며
버 금 차 에	법 식 례 는	순 서 구 분		이 고
맑 을 청 에	쓸 소 이 니	맑 게 쓸 어		이 며
친 할 친 에	옛 구 하 여	친 한 사 귐		이 고
칠 토 에 다	논 할 론 은	의 견 논 의		이 며
칠 토 하 여	의 논 할 의	검 토 협 의		이 고
편 할 편 에	종 이 지 는	소 식 적 은		이 다

2. 다음 한자어의 뜻을 써 보세요.

① 地球 ⬚

② 直接 ⬚

③ 質問 ⬚

④ 斟酌 ⬚

⑤ 次例 ⬚

⑥ 淸掃 ⬚

⑦ 親舊 ⬚

⑧ 討論 ⬚

⑨ 討議 ⬚

⑩ 便紙 ⬚

3. 다음 한자어의 독음을 쓰고, 한자를 예쁘게 써 보세요.

①	地球		地	球	地	球			
②	直接		直	接	直	接			
③	質問		質	問	質	問			
④	斟酌		斟	酌	斟	酌			
⑤	次例		次	例	次	例			
⑥	淸掃		淸	掃	淸	掃			
⑦	親舊		親	舊	親	舊			
⑧	討論		討	論	討	論			
⑨	討議		討	議	討	議			
⑩	便紙		便	紙	便	紙			

4. 다음 한자어에 독음과 알맞은 뜻을 바르게 연결하세요.

① 質問 • • 짐작 • • 사정이나 형편 따위를 어림잡아 헤아림.

② 斟酌 • • 질문 • • 어떤 문제에 대하여 여러 사람이 각각 의견을 말하며 논의함.

③ 淸掃 • • 토의 • • 어떤 문제에 대하여 함께 검토하고 협의함.

④ 討論 • • 토론 • • 알고자 하는 바를 얻기 위해 물음.

⑤ 討議 • • 청소 • • 더럽거나 어지러운 것을 치우고 없애 깨끗이 함.

評價 * 表情 * 表現 * 必要 * 學校
學生 * 解決 * 確認 * 活用 * 會議

한글로 된 가사를 노래로 부르면 한자어의 뜻이 쉽게 이해돼요.

평 론 할 평	값 가 이 면	가 치 평 함	평 가 이 고
드 러 나 는	감 정 모 습	걸 표 뜻 정	표 정 이 며
걸 표 에 다	나 타 날 현	속 나 타 낸	표 현 이 고
반 드 시 필	구 할 요 는	꼭 소 용 된	필 요 이 며
배 울 학 에	학 교 교 는	배 우 는 집	학 교 이 고
배 울 학 에	날 생 하 면	배 우 는 이	학 생 이 며
풀 해 에 다	터 질 결 은	결 말 지 음	해 결 이 고
군 을 확 에	알 인 이 면	확 실 인 정	확 인 이 며
이 리 저 리	이 용 잘 한	살 활 쓸 용	활 용 이 고
모 일 회 에	의 논 할 의	모 여 의 논	회 의 이 다

이제는 한자로 쓰인 한자어 가사도 쉽게 읽을 수 있어요~~^^

評 論 할 評	값 價 이 면	價 値 評 함	評 價 이 고
드 러 나 는	感 情 모 습	걸 表 뜻 情	表 情 이 며
걸 表 에 다	나 타 날 現	속 나 타 낸	表 現 이 고
반 드 시 必	求 할 要 는	꼭 所 用 된	必 要 이 며
배 울 學 에	學 校 校 는	배 우 는 집	學 校 이 고
배 울 學 에	날 生 하 면	배 우 는 이	學 生 이 며
풀 解 에 다	터 질 決 은	結 末 지 음	解 決 이 고
군 을 確 에	알 認 이 면	確 實 認 定	確 認 이 며
이 리 저 리	理 用 잘 한	살 活 쓸 用	活 用 이 고
모 일 會 에	議 論 할 議	모 여 議 論	會 議 이 다

評價 평가

評 평론할 평 + 價 값 가 = 評價

평론하여[評] 값을[價] 매기는 것이 評價이다.

사람이나 사물의 수준 따위를 일정한 기준에 의해 따져 매김.

❀ 다음 빈칸에 한자어의 독음과 한자의 훈음을 예쁘게 써 보세요.

評價 □ / 評 □ + 價 □

내일은 전국 초등학생 학력 評價 결과를 발표하는 날이다.

評 價 評 價

表情 표정

表 겉 표 + 情 뜻 정 = 表情

뜻[情]이 겉으로[表] 드러나는 것이 表情이다.

마음속에 품은 감정이나 정서 따위의 심리 상태가 겉으로 드러남.

❀ 다음 빈칸에 한자어의 독음과 한자의 훈음을 예쁘게 써 보세요.

表情 □ / 表 □ + 情 □

그녀는 나를 보자 토끼같이 놀란 表情을 지었다.

表 情 表 情

表 現　표현

表　겉　표　+　現　나타날　현　=　表現

겉[表]으로 나타내는[現] 것이 表現이다.

생각이나 느낌 따위를 언어나 몸짓 따위의 형상으로 나타냄.

❀ 다음 빈칸에 한자어의 독음과 한자의 훈음을 예쁘게 써 보세요.

表現 [　]　/　表 [　]　+　現 [　]

우리 부모님은 애정 表現을 인색하게 하시는 것 같다.

表	現	表	現				

必 要　필요

必　반드시　필　+　要　요긴할　요　=　必要

반드시[必] 요긴한[要] 것이 必要이다.

꼭 소용되는 바가 있음.

❀ 다음 빈칸에 한자어의 독음과 한자의 훈음을 예쁘게 써 보세요.

必要 [　]　/　必 [　]　+　要 [　]

인체가 하루에 활동하는 데 必要한 에너지는 얼마나 될까?

必	要	必	要				

學校 학교

學 배울 **학** + 校 학교 **교** = 學校

배우는[學] 집[校]이 學校이다.

학생에게 교육을 실시하는 기관.

❀ 다음 빈칸에 한자어의 독음과 한자의 훈음을 예쁘게 써 보세요.

| 學校 | | / | 學 | | + | 校 | |

독음연습 우리 學校 야구팀이 전국체전에서 우승했다.

| 學 | 校 | 學 | 校 | | | | | | |

學生 학생

學 배울 **학** + 生 날 **생** = 學生

배우는[學] 사람[生]이 學生이다.

학예를 배우는 사람.

❀ 다음 빈칸에 한자어의 독음과 한자의 훈음을 예쁘게 써 보세요.

| 學生 | | / | 學 | | + | 生 | |

독음연습 學生들은 방과 후에 도서관에 남아서 공부를 했다.

| 學 | 生 | 學 | 生 | | | | | | |

解 決 해결

解 풀 해 + 決 터질 결 = 解決

풀거나[解] 잘 처리하는[決] 것이 解決이다.

어떤 문제나 사건 따위를 풀거나 잘 처리함.

❀ 다음 빈칸에 한자어의 독음과 한자의 훈음을 예쁘게 써 보세요.

解決 [ ] / 解 [ ] + 決 [ ]

이 문제의 解決방안이 있으면 발표해 주기 바랍니다.

解	決								

確 認 확인

確 굳을 확 + 認 알 인 = 確認

확실히[確] 알아보는[認] 것이 確認이다.

틀림없이 그러한가를 알아보거나 인정함.

❀ 다음 빈칸에 한자어의 독음과 한자의 훈음을 예쁘게 써 보세요.

確認 [ ] / 確 [ ] + 認 [ ]

본인을 確認할 수 있도록 반드시 신분증을 지참하여야 한다.

確	認								

活 用 활용

活 살 **활** + 用 쓸 **용** = 活用

잘 살려[活] 이용[用]하는 것이 活用이다.

충분히 잘 이용함.

❀ 다음 빈칸에 한자어의 독음과 한자의 훈음을 예쁘게 써 보세요.

| 活用 | | / | 活 | | + | 用 | |

나는 여가 시간을 活用해 독서를 열심히 한다.

| 活 | 用 | 活 | 用 | | | | | | |

會 議 회의

會 모일 **회** + 議 의논할 **의** = 會議

모여서[會] 의논하는[議] 것이 會議이다.

여럿이 모여 의논함.

❀ 다음 빈칸에 한자어의 독음과 한자의 훈음을 예쁘게 써 보세요.

| 會議 | | / | 會 | | + | 議 | |

다음 주 화요일에 학급 會議가 열릴 예정이다.

| 會 | 議 | 會 | 議 | | | | | | |

1. 다음 ⬜⬜안에 알맞은 한자어를 <보기>에서 찾아 써 보세요.

> 보기
>
> 解決 評價 會議 表情 學生 必要 學校 確認 表現 活用

평 론 할 평	값 가 이 면	가 치 평 함		이 고
드 러 나 는	감 정 모 습	겉 표 뜻 정		이 며
겉 표 에 다	나 타 날 현	속 나 타 낸		이 고
반 드 시 필	구 할 요 는	꼭 소 용 된		이 며
배 울 학 에	학 교 교 는	배 우 는 집		이 고
배 울 학 에	날 생 하 면	배 우 는 이		이 며
풀 해 에 다	터 질 결 은	결 말 지 음		이 고
굳 을 확 에	알 인 이 면	확 실 인 정		이 며
이 리 저 리	이 용 잘 한	살 활 쓸 용		이 고
모 일 회 에	의 논 할 의	모 여 의 논		이 다

2. 다음 한자어의 뜻을 써 보세요.

① 評價

② 表情

③ 表現

④ 必要

⑤ 學校

⑥ 學生

⑦ 解決

⑧ 確認

⑨ 活用

⑩ 會議

3. 다음 한자어의 독음을 쓰고, 한자를 예쁘게 써 보세요.

①	評價		評 價	評 價		
②	表情		表 情	表 情		
③	表現		表 現	表 現		
④	必要		必 要	必 要		
⑤	學校		學 校	學 校		
⑥	學生		學 生	學 生		
⑦	解決		解 決	解 決		
⑧	確認		確 認	確 認		
⑨	活用		活 用	活 用		
⑩	會議		會 議	會 議		

4. 다음 한자어에 독음과 알맞은 뜻을 바르게 연결하세요.

① 評價 • • 표현 • • 사람이나 사물의 수준 따위를 일정한 기준에 의해 따져 매김.

② 表情 • • 회의 • • 마음속에 품은 감정이나 정서 따위의 심리 상태가 겉으로 드러남.

③ 確認 • • 확인 • • 여럿이 모여 의논함.

④ 會議 • • 표정 • • 틀림없이 그러한가를 알아보거나 인정함.

⑤ 表現 • • 평가 • • 생각이나 느낌 따위를 언어나 몸짓 따위의 형상으로 나타냄.

수학

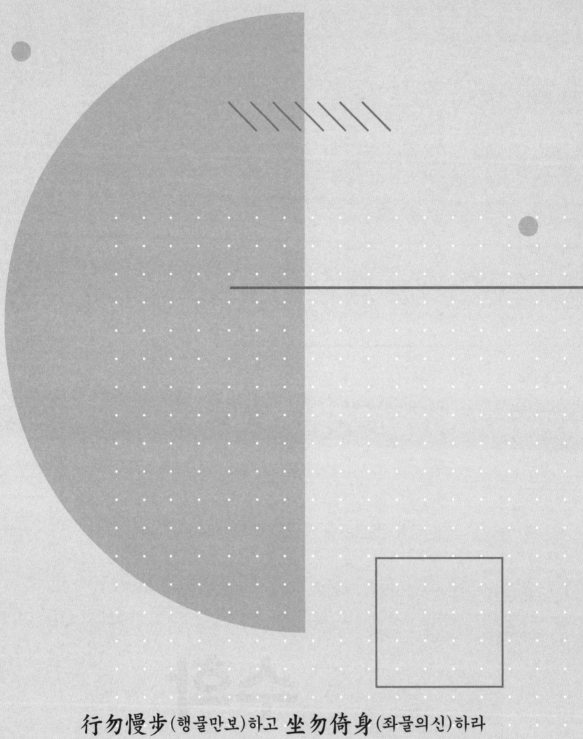

行勿慢步(행물만보)하고 **坐勿倚身**(좌물의신)하라

입의 모습은 반드시 다물어야 하고,
소리내는 모습은 반드시 고요하게 하라. 《인성보감》

📍 한글로 된 가사를 노래로 부르면 한자어의 뜻이 쉽게 이해돼요.

뿔 각 에 다	법 도 도 는	각 의 크 기	각 도 이 고
뿔 각 하 고	법 도 도 에	그 릇 기 는	각 도 기 며
지 경 경 에	만 날 우 는	형 편 사 정	경 우 이 고
수 를 셈 해	값 을 치 룬	셀 계 셀 산	계 산 이 며
이 을 계 에	이 을 속 은	이 어 나 감	계 속 이 고
꾀 계 에 다	그 을 획 은	미 리 구 상	계 획 이 며
장 인 공 에	사 내 부 는	배 워 익 힘	공 부 이 고
공 평 할 공	맺 을 약 의	셈 수 이 면	공 약 수 며
관 계 할 관	맬 계 하 면	서 로 걸 림	관 계 이 고
홀 단 하 고	자 리 위 는	일 정 기 준	단 위 이 다

📍 이제는 한자로 쓰인 한자어 가사도 쉽게 읽을 수 있어요~~^^

뿔 角 에 다	法 度 度 는	角 의 크 기	角 度 이 고
뿔 角 하 고	法 度 度 에	그 릇 器 는	角 度 器 며
地 境 境 에	만 날 遇 는	形 便 事 情	境 遇 이 고
數 를 셈 해	값 을 치 룬	셀 計 셀 算	計 算 이 며
이 을 繼 에	이 을 續 은	이 어 나 감	繼 續 이 고
꾀 計 에 다	그 을 劃 은	미 리 構 想	計 劃 이 며
匠 人 工 에	사 내 夫 는	배 워 익 힘	工 夫 이 고
公 平 할 公	맺 을 約 의	셈 數 이 면	公 約 數 며
關 係 할 關	맬 係 하 면	서 로 걸 림	關 係 이 고
홀 單 하 고	자 리 位 는	一 定 基 準	單 位 이 다

角度　각도

角 뿔 **각** + 度 법도 **도** = 角度

뿔[角]의 벌어진 정도[度]가 角度이다.

한 점에서 갈려 나간 두 직선의 벌어진 정도.

❀ 다음 빈칸에 한자어의 독음과 한자의 훈음을 예쁘게 써 보세요.

角度 [　　] / 角 [　　] + 度 [　　]

산수 시간에 삼각형 한 모서리의 角度를 재는 방법을 배웠다.

角	度	角	度					

角度器　각도기

角 뿔 **각** + 度 법도 **도** + 器 그릇 **기** = 角度器

각도[角度]를 재는 기구[器]가 角度器이다.

각의 크기를 재는 도구.

❀ 다음 빈칸에 한자어의 독음과 한자의 훈음을 예쁘게 써 보세요.

角度器 [　　] / 角 [　] + 度 [　] + 器 [　]

이 角度器는 소수점 이하의 각도도 잴 수 있다.

角	度	器	角	度	器			

境 遇　경우

境 지경 경 + 遇 만날 우 = 境遇

(쌓기비법) 지경[境]에서 만나는[遇] 것이 境遇이다.

(사전풀이) 어떤 조건 아래에 놓인 그때의 상황이나 형편.

❀ 다음 빈칸에 한자어의 독음과 한자의 훈음을 예쁘게 써 보세요.

境遇 [　] / 境 [　] + 遇 [　]

(독음연습) 총점이 동점일 境遇에는 국어 점수가 높은 사람을 합격시킨다.

境	遇	境	遇					

計 算　계산

計 셀 계 + 算 셀 산 = 計算

(쌓기비법) 수를 세어서[計] 헤아리는[算] 것이 計算이다.

(사전풀이) 주어진 수나 식을 연산의 법칙에 따라 처리하여 수치를 구함.

❀ 다음 빈칸에 한자어의 독음과 한자의 훈음을 예쁘게 써 보세요.

計算 [　] / 計 [　] + 算 [　]

(독음연습) 다음의 수를 計算하여 알맞은 답을 쓰시오.

計	算	計	算					

繼 續　계속

繼 이을 계 ＋ 續 이을 속 ＝ 繼續

이어지고[繼] 이어지는[續] 것이 繼續이다.

끊이지 않고 이어 나감.

❀ 다음 빈칸에 한자어의 독음과 한자의 훈음을 예쁘게 써 보세요.

繼續 [　] / 繼 [　] ＋ 續 [　]

비가 한 시간 전부터 繼續해서 내리고 있다.

繼	續	繼	續				

計 劃　계획

計 꾀 계 ＋ 劃 그을 획 ＝ 計劃

꾀[計]를 세워 그어놓는[劃] 것이 計劃이다.

앞으로 할 일의 절차, 방법, 규모 따위를 미리 헤아려 작정함.

❀ 다음 빈칸에 한자어의 독음과 한자의 훈음을 예쁘게 써 보세요.

計劃 [　] / 計 [　] ＋ 劃 [　]

나는 방학 때 배낭여행 가기로 計劃을 세웠다.

計	劃	計	劃				

工 夫　공부

工　장인　공　＋　夫　사내　부　＝　工夫

암기비법　장인[工]인 사내[夫]처럼 힘써 하는 것이 工夫이다.

사전풀이　학문이나 기술을 배우고 익힘.

❀ 다음 빈칸에 한자어의 독음과 한자의 훈음을 예쁘게 써 보세요.

| 工夫 | | / | 工 | | ＋ | 夫 | |

독음연습　나는 교과서 한자어 工夫를 한 후 성적이 향상되었다.

工	夫	工	夫					

公約數　공약수

公　공변될　공　＋　約　묶을　약　＋　數　셀　수　＝　公約數

암기비법　공통[公]인 약수[約數]가 公約數이다.

사전풀이　두 개 이상의 자연수에 공통인 약수.

❀ 다음 빈칸에 한자어의 독음과 한자의 훈음을 예쁘게 써 보세요.

| 公約數 | | / | 公 | | ＋ | 約 | | ＋ | 數 | |

독음연습　다음 두 개의 자연수의 公約數를 구하시오.

公	約	數	公	約	數			

關 係 관계

關 빗장 관 + 係 맬 계 = 關係

빗장[關]처럼 매어[係]있는 것이 關係이다.

둘 또는 여러 대상이 서로 연결되어 얽혀 있음.

❀ 다음 빈칸에 한자어의 독음과 한자의 훈음을 예쁘게 써 보세요.

| 關係 | | / | 關 | | + | 係 | |

그는 친구 關係가 참 좋은 것 같다.

| 關 | 係 | 關 | 係 | | | | | | |

單 位 단위

單 홑 단 + 位 자리 위 = 單位

홑[單] 자리[位]가 單位이다.

사물의 길이, 넓이, 무게 등을 수치로 나타날 때의 기준.

❀ 다음 빈칸에 한자어의 독음과 한자의 훈음을 예쁘게 써 보세요.

| 單位 | | / | 單 | | + | 位 | |

우주선을 개발하려면 천문학적인 單位의 돈이 필요할 것이다.

| 單 | 位 | 單 | 位 | | | | | | |

1. 다음 ☐☐안에 알맞은 한자어를 <보기>에서 찾아 써 보세요.

보기 | 工夫 計劃 角度 境遇 計算 公約數 關係 單位 繼續 角度器

뿔 각 에 다	법 도 도 는	각 의 크 기		이 고
뿔 각 하 고	법 도 도 에	그 릇 기 는		며
지 경 경 에	만 날 우 는	형 편 사 정		이 고
수 를 셈 해	값 을 치 룬	셀 계 셀 산		이 며
이 을 계 에	이 을 속 은	이 어 나 감		이 고
꾀 계 에 다	그 을 획 은	미 리 구 상		이 며
장 인 공 에	사 내 부 는	배 워 익 힘		이 고
공 평 할 공	맺 을 약 의	셈 수 이 면		며
관 계 할 관	맬 계 하 면	서 로 걸 림		이 고
홑 단 하 고	자 리 위 는	일 정 기 준		이 다

2. 다음 한자어의 뜻을 써 보세요.

① 角度 ☐☐☐☐☐☐

② 角度器 ☐☐☐☐☐☐

③ 境遇 ☐☐☐☐☐☐

④ 計算 ☐☐☐☐☐☐

⑤ 繼續 ☐☐☐☐☐☐

⑥ 計劃 ☐☐☐☐☐☐

⑦ 工夫 ☐☐☐☐☐☐

⑧ 公約數 ☐☐☐☐☐☐

⑨ 關係 ☐☐☐☐☐☐

⑩ 單位 ☐☐☐☐☐☐

3. 다음 한자어의 독음을 쓰고, 한자를 예쁘게 써 보세요.

① 角度 [　　] | 角 度 角 度
② 角度器 [　　] | 角 度 器 角 度 器
③ 境遇 [　　] | 境 遇 境 遇
④ 計算 [　　] | 計 算 計 算
⑤ 繼續 [　　] | 繼 續 繼 續
⑥ 計劃 [　　] | 計 算 計 算
⑦ 工夫 [　　] | 工 夫 工 夫
⑧ 公約數 [　　] | 公 約 數 公 約 數
⑨ 關係 [　　] | 關 係 關 係
⑩ 單位 [　　] | 單 位 單 位

4. 다음 한자어에 독음과 알맞은 뜻을 바르게 연결하세요.

① 計算 • 　 • 경우 • 　 • 끊이지 않고 이어 나감.

② 繼續 • 　 • 계속 • 　 • 어떤 조건 아래에 놓인 그때의 상황이나 형편.

③ 計劃 • 　 • 계획 • 　 • 앞으로 할 일의 절차, 방법, 규모 따위를 미리 헤아려 작정함.

④ 關係 • 　 • 관계 • 　 • 주어진 수나 식을 연산의 법칙에 따라 처리하여 수치를 구함.

⑤ 境遇 • 　 • 계산 • 　 • 둘 또는 여러 대상이 서로 연결되어 얽혀 있음.

帶分數 * 大會 * 圖形 * 模樣 * 問題
未滿 * 方法 * 補充 * 普通 * 分母

📍 한글로 된 가사를 노래로 부르면 한자어의 뜻이 쉽게 이해돼요.

띠 대 하 고	나 눌 분 에	셈 수 하 면	대 분 수 고
큰 대 에 다	모 일 회 는	많 이 모 인	대 회 이 며
그 림 도 에	모 양 형 은	그 림 모 양	도 형 이 고
모 양 모 에	모 양 양 은	걸 의 생 김	모 양 이 며
물 을 문 에	표 제 제 는	해 답 필 요	문 제 이 고
아 닐 미 에	찰 만 이 면	차 지 못 함	미 만 이 며
목 적 달 성	방 식 수 단	모 방 법 법	방 법 이 고
기 울 보 에	채 울 충 은	채 워 보 탬	보 충 이 며
널 리 보 에	통 할 통 은	평 범 하 다	보 통 이 고
나 눌 분 에	어 머 니 모	분 수 아 래	분 모 이 다

📍 이제는 한자로 쓰인 한자어 가사도 쉽게 읽을 수 있어요~~^^

띠 帶 하 고	나 눌 分 에	셈 數 하 면	帶 分 數 고
큰 大 에 다	모 일 會 는	많 이 모 인	大 會 이 며
그 림 圖 에	模 樣 形 은	그 림 模 樣	圖 形 이 고
模 樣 模 에	模 樣 樣 은	걸 의 생 김	模 樣 이 며
물 을 問 에	表 題 題 는	解 答 必 要	問 題 이 고
아 닐 未 에	찰 滿 이 면	차 지 못 함	未 滿 이 며
目 的 達 成	方 式 手 段	모 方 法 法	方 法 이 고
기 울 補 에	채 울 充 은	채 워 보 탬	補 充 이 며
널 리 普 에	通 할 通 은	平 凡 하 다	普 通 이 고
나 눌 分 에	어 머 니 母	分 數 아 래	分 母 이 다

帶分數 대분수

帶 띠 대 + 分 나눌 분 + 數 셈 수 = 帶分數

자연수를 띠[帶]처럼 차고 있는 분수[分數]가 帶分數이다.

정수와 진분수의 합으로 이루어진 수. $2\frac{1}{4}$ 따위를 이른다.

❀ 다음 빈칸에 한자어의 독음과 한자의 훈음을 예쁘게 써 보세요.

帶分數 [　　] / 帶 [　　] + 分 [　　] + 數 [　　]

다음의 帶分數를 가분수로 고쳐봅시다.

帶	分	數	帶	分	數				

大 會 대회

大 큰 대 + 會 모일 회 = 大會

크게[大] 모이는[會] 것이 大會이다.

많은 사람이 일정한 때에 일정한 자리에 모여 행하는 행사.

❀ 다음 빈칸에 한자어의 독음과 한자의 훈음을 예쁘게 써 보세요.

大會 [　　] / 大 [　　] + 會 [　　]

나는 내일 학교 대표로 전국 미술大會에 참가할 예정이다.

大	會	大	會					

圖 形　도형

| 圖 | 그림　도 | + | 形 | 모양　형 | = | 圖形 |

암기비법 그림[圖]의 모양[形]이 圖形이다.

사전풀이 점, 선, 면 따위가 모여 이루어진 사각형이나 원, 구 따위의 것.

❀ 다음 빈칸에 한자어의 독음과 한자의 훈음을 예쁘게 써 보세요.

| 圖形 | | / | 圖 | | + | 形 | |

독음연습 이번 시간에는 삼각형과 사각형을 만들면서 圖形을 배웠다.

| 圖 | 形 | 圖 | 形 | | | | |

模 樣　모양

| 模 | 모양　모 | + | 樣 | 모양　양 | = | 模樣 |

암기비법 모양[模]의 모양[樣]이 模樣이다.

사전풀이 겉으로 나타나는 생김새나 모습.

❀ 다음 빈칸에 한자어의 독음과 한자의 훈음을 예쁘게 써 보세요.

| 模樣 | | / | 模 | | + | 樣 | |

독음연습 여학생들의 머리 模樣이 다양해졌다.

| 模 | 樣 | 模 | 樣 | | | | |

問 題　문제

| 問 | 물을 **문** | + | 題 | 제목 **제** | = | 問題 |

물어보는[問] 제목[題]이 問題이다.

해답을 요구하는 물음.

❀ 다음 빈칸에 한자어의 독음과 한자의 훈음을 예쁘게 써 보세요.

| 問題 | | / | 問 | | + | 題 | |

독음연습 이번 수학시험 問題는 굉장히 어려웠다.

| 問 | 題 | 問 | 題 | | | | | | |

未 滿　미만

| 未 | 아닐 **미** | + | 滿 | 찰 **만** | = | 未滿 |

차지[滿] 아니한[未] 것이 未滿이다.

정한 수효나 정도에 차지 못함.

❀ 다음 빈칸에 한자어의 독음과 한자의 훈음을 예쁘게 써 보세요.

| 未滿 | | / | 未 | | + | 滿 | |

독음연습 한 반에 학생의 수가 20명 未滿이 수업에 효과적이라고 한다.

| 未 | 滿 | 未 | 滿 | | | | | | |

方 法　방법

方　모　**방** + 法　법　**법** = 方法

방식[方]이나 법[法]이 方法이다.

목적을 달성하기 위해 취하는 방식이나 수단.

❀ 다음 빈칸에 한자어의 독음과 한자의 훈음을 예쁘게 써 보세요.

方法　　　/　方　　　+　法

독음연습　어머니는 새로 산 세탁기 사용 方法을 몰라 나에게 물어보셨다.

方	法	方	法						

補 充　보충

補　기울　**보** + 充　채울　**충** = 補充

기워서[補] 채우는[充] 것이 補充이다.

모자라는 것을 보태어 채움.

❀ 다음 빈칸에 한자어의 독음과 한자의 훈음을 예쁘게 써 보세요.

補充　　　/　補　　　+　充

독음연습　나는 이번 방학 때 부족한 과목을 補充할 계획을 세웠다.

補	充	補	充						

普 通　보통

| 普 | 널리 **보** | + | 通 | 통할 **통** | = | 普通 |

[받기 비법] 널리[普] 통하는[通] 것이 普通이다.

[개념 풀이] 특별하거나 드물지 않고 평범한 것.

❀ 다음 빈칸에 한자어의 독음과 한자의 훈음을 예쁘게 써 보세요.

| 普通 | | / | 普 | | + | 通 | |

[독음 연습] 아기들은 저녁때 많이 칭얼대는 것이 普通이다.

普	通	普	通					

分 母　분모

| 分 | 나눌 **분** | + | 母 | 어머니 **모** | = | 分母 |

[받기 비법] 분수[分]의 어머니[母] 같은 수가 分母이다.

[개념 풀이] 분수 또는 분수식의 가로줄 아래에 적은 수나 식.

❀ 다음 빈칸에 한자어의 독음과 한자의 훈음을 예쁘게 써 보세요.

| 分母 | | / | 分 | | + | 母 | |

[독음 연습] 오늘 수학 시간에 分母에 대해서 배웠다.

分	母	分	母					

▶▶▶

1. 다음 ☐☐안에 알맞은 한자어를 <보기>에서 찾아 써 보세요.

보기	未滿 補充 帶分數 模樣 問題 方法 普通 圖形 分母 大會

띠 대 하 고	나 눌 분 에	셈 수 하 면			고
큰 대 에 다	모 일 회 는	많 이 모 인		이 며	
그 림 도 에	모 양 형 은	그 림 모 양		이 고	
모 양 모 에	모 양 양 은	겉 의 생 김		이 며	
물 을 문 에	표 제 제 는	해 답 필 요		이 고	
아 닐 미 에	찰 만 이 면	차 지 못 함		이 며	
목 적 달 성	방 식 수 단	모 방 법 법		이 고	
기 울 보 에	채 울 충 은	채 워 보 탬		이 며	
널 리 보 에	통 할 통 은	평 범 하 다		이 고	
나 눌 분 에	어 머 니 모	분 수 아 래		이 다	

2. 다음 한자어의 뜻을 써 보세요.

① 帶分數 ☐

② 大會 ☐

③ 圖形 ☐

④ 模樣 ☐

⑤ 問題 ☐

⑥ 未滿 ☐

⑦ 方法 ☐

⑧ 補充 ☐

⑨ 普通 ☐

⑩ 分母 ☐

3. 다음 한자어의 독음을 쓰고, 한자를 예쁘게 써 보세요.

① 帶分數		帶	分	數
② 大會		大	會	
③ 圖形		圖	形	
④ 模樣		模	樣	
⑤ 問題		問	題	
⑥ 未滿		未	滿	
⑦ 方法		方	法	
⑧ 補充		補	充	
⑨ 普通		普	通	
⑩ 分母		分	母	

4. 다음 한자어에 독음과 알맞은 뜻을 바르게 연결하세요.

① 圖形 ・ ・ 모양 ・ ・ 겉으로 나타나는 생김새나 모습.

② 模樣 ・ ・ 도형 ・ ・ 특별하거나 드물지 않고 평범한 것.

③ 補充 ・ ・ 분류 ・ ・ 분수 또는 분수식의 가로줄 아래에 적은 수나 식.

④ 普通 ・ ・ 보통 ・ ・ 점, 선, 면 따위가 모여 이루어진 사각형이나 원, 구 따위의 것.

⑤ 分類 ・ ・ 보충 ・ ・ 모자라는 것을 보태어 채움.

分數 * 三角形 * 箱子 * 線分 * 小數
垂直 * 垂直線 * 數學 * 約數 * 豫想

📍 한글로 된 가사를 노래로 부르면 한자어의 뜻이 쉽게 이해돼요.

나 눌 분 에	셈 수 하 면	정 수 나 눈	분 수 이 고
석 삼 뿔 각	모 양 형 은	세 모 모 양	삼 각 형 과
상 자 상 에	물 건 자 는	물 건 담 는	상 자 이 며
줄 선 에 다	나 눌 분 은	두 점 한 정	선 분 이 고
작 을 소 에	셈 수 하 면	영 보 단 큰	소 수 이 며
드 리 울 수	곧 을 직 은	직 각 상 태	수 직 이 고
드 리 울 수	곧 을 직 에	줄 선 하 면	수 직 선 은
셈 수 하 여	배 울 학 은	숫 자 학 문	수 학 이 고
묶 을 약 에	셈 수 하 면	나 눈 정 수	약 수 이 며
미 리 예 에	생 각 상 은	미 리 생 각	예 상 이 다

📍 이제는 한자로 쓰인 한자어 가사도 쉽게 읽을 수 있어요~~^^

나 눌 分 에	셈 數 하 면	整 數 나 눈	分 數 이 고
석 三 뿔 角	模 樣 形 은	세 모 模 樣	三 角 形 과
箱 子 箱 에	物 件 子 는	物 件 담 는	箱 子 이 며
줄 線 에 다	나 눌 分 은	두 點 限 定	線 分 이 고
작 을 小 에	셈 數 하 면	零 보 단 큰	小 數 이 며
드 리 울 垂	곧 을 直 은	直 角 狀 態	垂 直 이 고
드 리 울 垂	곧 을 直 에	줄 線 하 면	垂 直 線 은
셈 數 하 여	배 울 學 은	數 字 學 文	數 學 이 고
묶 을 約 에	셈 數 하 면	나 눈 整 數	約 數 이 며
미 리 豫 에	생 각 想 은	미 리 생 각	豫 想 이 다

分 數 분수

分 나눌 분 + 數 셈ˋ 수 = 分數

정수[數]를 다른 정수로 나눈[分] 몫을 나타낸 것이 分數이다.

어떤 정수를 0이 아닌 다른 정수로 나눈 몫을 나타낸 것.

❀ 다음 빈칸에 한자어의 독음과 한자의 훈음을 예쁘게 써 보세요.

分數 [   ] / 分 [   ] + 數 [   ]

마지막 分數 계산에서 분모와 분자를 헷갈려서 틀렸다.

分	數	分	數				

三角形 삼각형

三 석 삼 + 角 뿔 각 + 形 모양 형 = 三角形

세[三] 개의 꼭지점[角]이 있는 도형[形]이 三角形이다.

일직선 위에 있지 않은 세 점을 연결한 직선으로 이루어진 평면 도형.

❀ 다음 빈칸에 한자어의 독음과 한자의 훈음을 예쁘게 써 보세요.

三角形 [   ] / 三 [   ] + 角 [   ] + 形 [   ]

三角形의 세 각의 합은 180도이다.

三	角	形	三	角	形		

箱 子 상자

箱 상자 상 + 子 물건 자 = 箱子

상자[箱]라는 물건[子]이 箱子이다.

나무, 대, 종이 같은 것으로 만든 네모난 그릇.

❀ 다음 빈칸에 한자어의 독음과 한자의 훈음을 예쁘게 써 보세요.

箱子 [　] / 箱 [　] + 子 [　]

어머니는 철지난 옷들을 箱子에 넣어 보관하셨다.

箱 子 箱 子

線 分 선분

線 줄 선 + 分 나눌 분 = 線分

줄[線] 위에서 나뉜 부분[分]이 線分이다.

직선 위에서 그 위의 두 점 사이에 한정된 부분.

❀ 다음 빈칸에 한자어의 독음과 한자의 훈음을 예쁘게 써 보세요.

線分 [　] / 線 [　] + 分 [　]

대응하는 점을 잇는 線分은 평행이고 길이가 같다.

線 分 線 分

小 數　소수

小　작을　소 + 數　셈　수 ＝ 小數

- 0보다 크고 1보다 작은[小] 실수[數]가 小數이다.
- 0보다 크고 1보다 작은 실수. 0 다음에 점을 찍어 나타낸다.

❀ 다음 빈칸에 한자어의 독음과 한자의 훈음을 예쁘게 써 보세요.

小數　　　/　小　　　＋　數

다음의 수를 小數 첫째 자리에서 반올림을 해 보시오.

小	數	小	數						

垂 直　수직

垂　드리울　수 + 直　곧을　직 ＝ 垂直

- 드리워진[垂] 선이 평면과 곧은[直] 각을 이루면 垂直이다.
- 직선과 평면, 평면과 평면 등이 만나 서로 직각을 이루는 상태.

❀ 다음 빈칸에 한자어의 독음과 한자의 훈음을 예쁘게 써 보세요.

垂直　　　/　垂　　　＋　直

나무 막대와 垂直이 되도록 붙임 딱지를 붙여 봅시다.

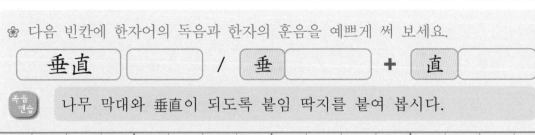

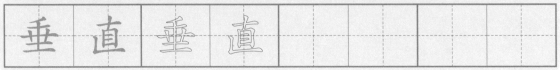

垂直線 수직선

垂 드리울 수 + 直 곧을 직 + 線 줄 선 = 垂直線

평면과 직각으로[直] 드리워진[垂] 선[線]이 垂直線이다.

한 직선이나 평면과 직각으로 마주치는 선.

❀ 다음 빈칸에 한자어의 독음과 한자의 훈음을 예쁘게 써 보세요.

垂直線 [ ] / 垂 [ ] + 直 [ ] + 線 [ ]

이상과 이하를 넣어 垂直線에 나타내어 봅시다.

垂	直	線									

數學 수학

數 셈 수 + 學 배울 학 = 數學

셈[數]에 관한 학문[學]이 數學이다.

수와 양 및 공간의 성질에 관하여 연구하는 학문.

❀ 다음 빈칸에 한자어의 독음과 한자의 훈음을 예쁘게 써 보세요.

數學 [ ] / 數 [ ] + 學 [ ]

數學 용어를 한자어로 풀어서 배우니 정말 쉬워서 좋다.

數	學	數	學					

約 數　약수

約　맺을　약　＋　數　셈　수　＝　約數

약속[約]한 수[數]가 約數이다.

어떤 정수를 나머지 없이 나눌 수 있는 정수를 원래의 수에 대하여 이르는 말.

❀ 다음 빈칸에 한자어의 독음과 한자의 훈음을 예쁘게 써 보세요.

| 約數 | | / | 約 | | ＋ | 數 | |

예를 들어 3은 6의 約數인데 비슷한 말은 맞줄임수이다.

約	數	約	數						

豫 想　예상

豫　미리　예　＋　想　생각　상　＝　豫想

미리[豫] 생각하여[想] 둠이 豫想이다.

어떤 일을 직접 당하기 전에 미리 생각하여 둠.

❀ 다음 빈칸에 한자어의 독음과 한자의 훈음을 예쁘게 써 보세요.

| 豫想 | | / | 豫 | | ＋ | 想 | |

우리들은 중간고사 豫想문제를 만들어서 공부했다.

豫	想	豫	想						

1. 다음 ☐☐안에 알맞은 한자어를 <보기>에서 찾아 써 보세요.

| 보기 | 線分 數學 分數 箱子 小數 垂直 約數 三角形 豫想 垂直線 |

나 눌 분 에	셈 수 하 면	정 수 나 눈			이 고
석 삼 뿔 각	모 양 형 은	세 모 모 양			과
상 자 상 에	물 건 자 는	물 건 담 는			이 며
줄 선 에 다	나 눌 분 은	두 점 한 정			이 고
작 을 소 에	셈 수 하 면	영 보 단 큰			이 며
드 리 울 수	곧 을 직 은	직 각 상 태			이 고
드 리 울 수	곧 을 직 에	줄 선 하 면			은
셈 수 하 여	배 울 학 은	숫 자 학 문			이 고
묶 을 약 에	셈 수 하 면	나 눈 정 수			이 며
미 리 예 에	생 각 상 은	미 리 생 각			이 다

2. 다음 한자어의 뜻을 써 보세요.

① 分數 _____

② 三角形 _____

③ 箱子 _____

④ 線分 _____

⑤ 小數 _____

⑥ 垂直 _____

⑦ 垂直線 _____

⑧ 數學 _____

⑨ 約數 _____

⑩ 豫想 _____

3. 다음 한자어의 독음을 쓰고, 한자를 예쁘게 써 보세요.

① 分數   分 數 分 數
② 三角形   三 角 形 三 角 形
③ 箱子   箱 子 箱 子
④ 線分   線 分 線 分
⑤ 小數   小 數 小 數
⑥ 垂直   垂 直 垂 直
⑦ 垂直線   垂 直 線 垂 直 線
⑧ 數學   數 學 數 學
⑨ 約數   約 數 約 數
⑩ 豫想   豫 想 豫 想

4. 다음 한자어에 독음과 알맞은 뜻을 바르게 연결하세요.

① 線分   •   • 수학   •   • 어떤 정수를 나머지 없이 나눌 수 있는 정수를 원래의 수에 대하여 이르는 말.

② 垂直   •   • 약수   •   • 수와 양 및 공간의 성질에 관하여 연구하는 학문.

③ 數學   •   • 선분   •   • 직선과 평면, 평면과 평면 등이 만나 서로 직각을 이루는 상태.

④ 約數   •   • 예상   •   • 어떤 일을 직접 당하기 전에 미리 생각하여 둠.

⑤ 豫想   •   • 수직   •   • 직선 위에서 그 위의 두 점 사이에 한정된 부분.

完成 * 完全 * 人員 * 自然數 * 全體
體驗 * 態度 * 學級 * 學習 * 活動

한글로 된 가사를 노래로 부르면 한자어의 뜻이 쉽게 이해돼요.

완 전 할 완	이 룰 성 은	완 전 이 룸	완 성 이 고
완 전 할 완	온 전 할 전	흠 이 없 음	완 전 이 며
사 람 인 에	수 효 원 은	사 람 수 효	인 원 이 고
스 스 로 자	그 럴 연 에	셈 수 하 면	자 연 수 니
온 전 할 전	몸 체 하 면	모 든 집 합	전 체 이 고
몸 체 에 다	시 험 할 험	실 제 겪 음	체 험 이 며
모 양 태 에	법 도 도 는	몸 의 자 세	태 도 이 고
배 울 학 에	등 급 급 은	교 실 단 위	학 급 이 며
배 울 학 에	익 힐 습 은	배 워 익 힌	학 습 이 고
살 활 에 다	움 직 일 동	활 발 히 함	활 동 이 다

이제는 한자로 쓰인 한자어 가사도 쉽게 읽을 수 있어요~~^^

完 全 할 完	이 룰 成 은	完 全 이 룸	完 成 이 고
完 全 할 完	穩 全 할 全	흠 이 없 음	完 全 이 며
사 람 人 에	數 爻 員 은	사 람 數 爻	人 員 이 고
스 스 로 自	그 럴 然 에	셈 數 하 면	自 然 數 니
穩 全 할 全	몸 體 하 면	모 든 集 合	全 體 이 고
몸 體 에 다	試 驗 할 驗	實 際 겪 음	體 驗 이 며
模 樣 態 에	法 道 度 는	몸 의 姿 勢	態 度 이 고
배 울 學 에	等 級 級 은	教 室 單 位	學 級 이 며
배 울 學 에	익 힐 習 은	배 워 익 힌	學 習 이 고
살 活 에 다	움 직 일 動	活 發 히 함	活 動 이 다

完 成　완성

完 완전할 완 + 成 이룰 성 = 完成

완전하게[完] 이루어[成]내는 것이 完成이다.

어떤 일을 다 이루어 완전한 것으로 만듦.

❀ 다음 빈칸에 한자어의 독음과 한자의 훈음을 예쁘게 써 보세요.

完成 ⬚ / 完 ⬚ + 成 ⬚

우리 모둠은 힘을 합쳐서 학급 문집을 完成했다.

完	成	完	成					

完 全　완전

完 완전할 완 + 全 온전할 전 = 完全

완전하고[完] 온전한[全] 것이 完全이다.

필요한 것이 모두 갖추어져 모자람이나 흠이 없음.

❀ 다음 빈칸에 한자어의 독음과 한자의 훈음을 예쁘게 써 보세요.

完全 ⬚ / 完 ⬚ + 全 ⬚

이모는 승용차 뒤에 '完全초보니 봐 주세요~'라고 써 붙였다.

完	全	完	全					

人員　인원

人 사람 인 + 員 수효 원 = 人員

사람[人]의 수효[員]가 人員이다.

단체를 이루고 있는 사람들.

❀ 다음 빈칸에 한자어의 독음과 한자의 훈음을 예쁘게 써 보세요.

人員 ☐ / 人 ☐ + 員 ☐

체육 대회에 참가 人員이 부족했다.

人	員	人	員				

自然數　자연수

自 스스로 자 + 然 그릴 연 + 數 셈 수 = 自然數

자연[自然]의 수[數]가 自然數이다.

양(陽)의 정수(整數).

❀ 다음 빈칸에 한자어의 독음과 한자의 훈음을 예쁘게 써 보세요.

自然數 ☐ / 自 ☐ + 然 ☐ + 數 ☐

두 개 이상의 自然數에 공통인 약수를 공약수라고 한다.

自	然	數	自	然	數	

全 體 전체

| 全 | 온전할 **전** | + | 體 | 몸 **체** | = | 全體 |

(암기비법) 온전한[全] 몸[體]덩어리가 全體이다.

(상세풀이) 여러 요소들로 이루어진 것의 온 덩어리.

❀ 다음 빈칸에 한자어의 독음과 한자의 훈음을 예쁘게 써 보세요.

| 全體 | . | / | 全 | | + | 體 | |

(독음연습) 한 면만 보지 말고 全體를 살펴야 한다.

| 全 | 體 | 全 | 體 | | | | |

體 驗 체험

| 體 | 몸 **체** | + | 驗 | 시험할 **험** | = | 體驗 |

(암기비법) 자기가 몸소[體] 경험[驗]한 것이 體驗이다.

(상세풀이) 어떤 일을 실제로 보고 듣고 겪음.

❀ 다음 빈칸에 한자어의 독음과 한자의 훈음을 예쁘게 써 보세요.

| 體驗 | | / | 體 | | + | 驗 | |

(독음연습) 가상 공간 학습관에서 우주인 體驗을 할 수 있었다.

| 體 | 驗 | 體 | 驗 | | | | |

態 度　태도

態　모양 태 ＋ 度　법도 도 ＝ 態度

법도[度]에 따른 모양새[態]가 態度이다.

몸의 동작이나 몸을 가누는 모양새.

❀ 다음 빈칸에 한자어의 독음과 한자의 훈음을 예쁘게 써 보세요.

態度 ☐ / 態 ☐ ＋ 度 ☐

나는 수업 態度가 바르다고 선생님께 칭찬을 받았다.

態 度 態 度

學 級　학급

學　배울 학 ＋ 級　등급 급 ＝ 學級

배우는[學] 단위의 등급[級]이 學級이다.

한 교실에서 공부하는 학생의 단위 집단.

❀ 다음 빈칸에 한자어의 독음과 한자의 훈음을 예쁘게 써 보세요.

學級 ☐ / 學 ☐ ＋ 級 ☐

우리 학교는 한 학년에 네 개 學級이 있다.

學 級 學 級

學 習　학습

學 배울 **학** + 習 익힐 **습** = 學習

배워서[學] 익힘[習]이 學習이다.

배워서 익힘.

❀ 다음 빈칸에 한자어의 독음과 한자의 훈음을 예쁘게 써 보세요.

| 學習 | | / | 學 | | + | 習 | |

나는 이번 방학 때 외국어 學習에 힘을 기울였다.

| 學 | 習 | 學 | 習 | | | | | |

活 動　활동

活 살 **활** + 動 움직일 **동** = 活動

살아서[活] 움직이는[動] 것이 活動이다.

일정한 성과를 거두기 위해 어떤 일을 활발히 함.

❀ 다음 빈칸에 한자어의 독음과 한자의 훈음을 예쁘게 써 보세요.

| 活動 | | / | 活 | | + | 動 | |

나는 노인회관에서 자원봉사 活動을 적극적으로 하고 있다.

| 活 | 動 | 活 | 動 | | | | | |

▶ ▶ ▶

1. 다음 ☐☐안에 알맞은 한자어를 <보기>에서 찾아 써 보세요.

| 보기 | 全體 學級 體驗 完成 自然數 態度 完全 學習 活動 人員 |

완 전 할 완	이 룰 성 은	완 전 이 룸		이 고
완 전 할 완	온 전 할 전	흠 이 없 음		이 며
사 람 인 에	수 효 원 은	사 람 수 효		이 고
스 스 로 자	그 럴 연 에	셈 수 하 면		니
온 전 할 전	몸 체 하 면	모 든 집 합		이 고
몸 체 에 다	시 험 할 험	실 제 겪 음		이 며
모 양 태 에	법 도 도 는	몸 의 자 세		이 고
배 울 학 에	등 급 급 은	교 실 단 위		이 며
배 울 학 에	익 힐 습 은	배 워 익 힌		이 고
살 활 에 다	움 직 일 동	활 발 히 함		이 다

2. 다음 한자어의 뜻을 써 보세요.

① 完成 _____

② 完全 _____

③ 人員 _____

④ 自然數 _____

⑤ 全體 _____

⑥ 體驗 _____

⑦ 態度 _____

⑧ 學級 _____

⑨ 學習 _____

⑩ 活動 _____

3. 다음 한자어의 독음을 쓰고, 한자를 예쁘게 써 보세요.

① 完成 ⬜ 完 成 完 成 ⬜ ⬜
② 完全 ⬜ 完 全 完 全 ⬜ ⬜
③ 人員 ⬜ 人 員 人 員 ⬜ ⬜
④ 自然數 ⬜ 自 然 數 自 然 數
⑤ 全體 ⬜ 全 體 全 體 ⬜ ⬜
⑥ 體驗 ⬜ 體 驗 體 驗 ⬜ ⬜
⑦ 態度 ⬜ 態 度 態 度 ⬜ ⬜
⑧ 學級 ⬜ 學 級 學 級 ⬜ ⬜
⑨ 學習 ⬜ 學 習 學 習 ⬜ ⬜
⑩ 活動 ⬜ 活 動 活 動 ⬜ ⬜

4. 다음 한자어에 독음과 알맞은 뜻을 바르게 연결하세요.

① 體驗 ・　・ 태도 ・　・ 한 교실에서 공부하는 학생의 단위 집단.

② 學級 ・　・ 학습 ・　・ 배워서 익힘.

③ 態度 ・　・ 학급 ・　・ 몸의 동작이나 몸을 가누는 모양새.

④ 學習 ・　・ 활동 ・　・ 어떤 일을 실제로 보고 듣고 겪음.

⑤ 活動 ・　・ 체험 ・　・ 일정한 성과를 거두기 위해 어떤 일을 활발히 함.

과학

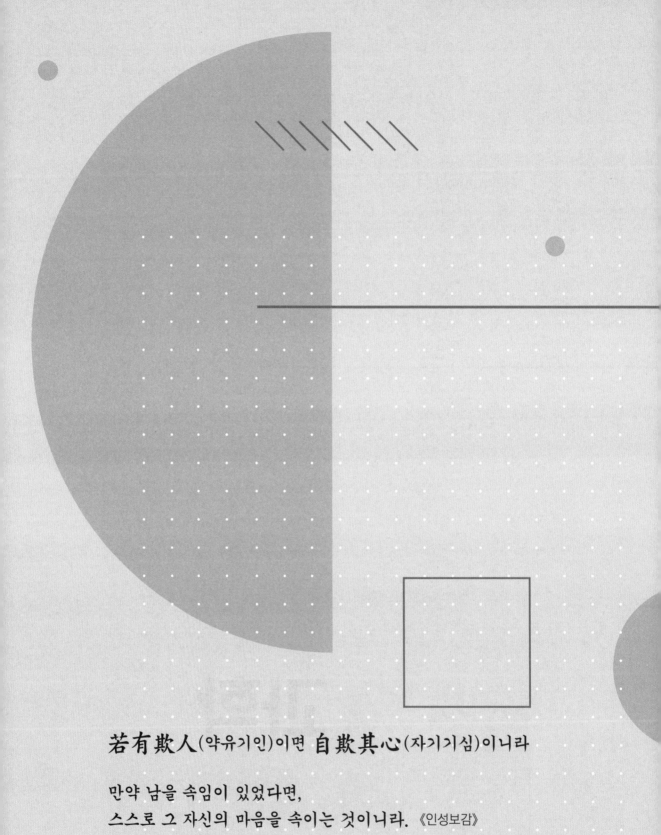

若有欺人(약유기인)**이면 自欺其心**(자기기심)**이니라**

만약 남을 속임이 있었다면,
스스로 그 자신의 마음을 속이는 것이니라. 《인성보감》

한글로 된 가사를 노래로 부르면 한자어의 뜻이 쉽게 이해돼요.

각 각 각 과	각 각 각 은	따 로 따 로	각 각 이 고
맺 을 결 에	과 실 과 는	열 매 맺 음	결 과 이 며
결 단 할 결	정 할 정 은	일 의 매 듭	결 정 이 고
빌 공 에 다	기 운 기 는	투 명 기 체	공 기 이 며
조 목 과 에	배 울 학 은	진 리 발 견	과 학 이 고
빗 장 관 에	잇 달 련 은	서 로 얽 힌	관 련 이 며
볼 관 하 고	살 필 찰 은	보 고 살 핌	관 찰 이 고
얽 을 구 에	이 룰 성 은	얽 어 이 룬	구 성 이 며
많 을 다 에	모 양 양 은	여 러 모 양	다 양 이 고
일 만 만 에	같 은 약 은	만 일 혹 시	만 약 이 다

이제는 한자로 쓰인 한자어 가사도 쉽게 읽을 수 있어요~~^^

各 各 各 과	各 各 各 은	따 로 따 로	各 各 이 고
맺 을 結 에	果 實 果 는	열 매 맺 음	結 果 이 며
決 斷 할 決	定 할 定 은	일 의 매 듭	決 定 이 고
빌 空 에 다	氣 運 氣 는	透 明 氣 體	空 氣 이 며
條 目 科 에	배 울 學 은	眞 理 發 見	科 學 이 고
빗 장 關 에	잇 달 聯 은	서 로 얽 힌	關 聯 이 며
볼 觀 하 고	살 필 察 은	보 고 살 핌	觀 察 이 고
얽 을 構 에	이 룰 成 은	얽 어 이 룬	構 造 이 며
많 을 多 에	模 樣 樣 은	여 러 模 樣	多 樣 이 고
一 萬 萬 에	같 은 若 은	萬 一 或 是	萬 若 이 다

各 各 각각

各 각각 **각** + 各 각각 **각** = 各各

각각[各]이고 각각[各]이니 各各이다.

사람이나 물건의 하나하나.

❀ 다음 빈칸에 한자어의 독음과 한자의 훈음을 예쁘게 써 보세요.

各各 [　　] / 各 [　　] + 各 [　　]

회의 참석자들은 各各의 의견을 자유롭게 이야기했다.

各	各	各	各				

結 果 결과

結 맺을 **결** + 果 과실 **과** = 結果

과실을[果] 맺음[結]이 結果이다.

어떤 원인으로 결말이 생김. 또는 그런 결말의 상태.

❀ 다음 빈칸에 한자어의 독음과 한자의 훈음을 예쁘게 써 보세요.

結果 [　　] / 結 [　　] + 果 [　　]

자기가 한 일에 대한 結果는 스스로 책임을 져야 한다.

結	果	結	果				

決 定　결정

決 결단할 **결** + 定 정할 **정** = 決定

결단하여[決] 정하는[定] 것이 決定이다.

행동이나 태도를 분명하게 정함.

❀ 다음 빈칸에 한자어의 독음과 한자의 훈음을 예쁘게 써 보세요.

| 決定 | | / | 決 | | + | 定 | |

부모님께서는 항상 나의 決定을 믿어주십니다.

| 決 | 定 | 決 | 定 | | | | |

空 氣　공기

空 빌 **공** + 氣 기운 **기** = 空氣

빈 공간[空]에 있는 기체[氣]가 空氣이다.

지구를 둘러싼 대기의 하층부를 구성하는 무색, 무취의 투명한 기체.

❀ 다음 빈칸에 한자어의 독음과 한자의 훈음을 예쁘게 써 보세요.

| 空氣 | | / | 空 | | + | 氣 | |

나는 공부를 한 뒤 맑은 空氣를 마시러 뒷산에 올랐다.

| 空 | 氣 | 空 | 氣 | | | | |

科 學　과학

科 조목 과 + 學 배울 학 = 科學

조목조목[科] 밝혀내는 학문[學]이 科學이다.

보편적인 진리나 법칙의 발견을 목적으로 한 체계적인 지식.

❀ 다음 빈칸에 한자어의 독음과 한자의 훈음을 예쁘게 써 보세요.

| 科學 | | / | 科 | | + | 學 | |

나는 공상 科學 영화를 즐겨 본다.

| 科 | 學 | 科 | 學 | | | | | | |

關 聯　관련

關 빗장 관 + 聯 연이을 련 = 關聯

빗장[關]처럼 연이어진[聯] 것이 關聯이다.

둘 이상의 사람, 사물, 현상 따위가 서로 관계를 맺어 매여 있음.

❀ 다음 빈칸에 한자어의 독음과 한자의 훈음을 예쁘게 써 보세요.

| 關聯 | | / | 關 | | + | 聯 | |

나는 동시와 關聯한 책을 3권 구입하였다.

| 關 | 聯 | 關 | 聯 | | | | | | |

觀 察 관찰

觀 볼 관 + 察 살필 찰 = 觀察

(맞기 비법) 보고[觀] 살피는[察] 것이 觀察이다.

(사전 풀이) 사물이나 현상을 주의하여 자세히 살펴봄.

❀ 다음 빈칸에 한자어의 독음과 한자의 훈음을 예쁘게 써 보세요.

觀察 [　　] / 觀 [　　] + 察 [　　]

(독음 연습) 눈송이를 세밀하게 觀察하면 아주 재미있는 사실을 발견할 수 있다.

觀	察	觀	察				

構 成 구성

構 얽을 구 + 成 이룰 성 = 構成

(맞기 비법) 얽어[構] 짜서 이루어[成] 낸 것이 構成이다.

(사전 풀이) 여러 부분이나 요소들을 얽어 짜서 체계적인 하나의 통일체로 만듦.

❀ 다음 빈칸에 한자어의 독음과 한자의 훈음을 예쁘게 써 보세요.

構成 [　　] / 構 [　　] + 成 [　　]

(독음 연습) 우리 반은 새 학기가 되어서 학급 임원진을 새롭게 構成했다.

構	成	構	成				

多 樣　다양

多 많을 다 + 樣 모양 양 = 多樣

많은[多] 모양[樣]이 多樣이다.

종류가 여러 가지로 많음.

❀ 다음 빈칸에 한자어의 독음과 한자의 훈음을 예쁘게 써 보세요.

| 多樣 | | / | 多 | | + | 樣 | |

학급회의 때 급우들의 의견이 多樣하게 나왔다.

萬 若　만약

萬 일만 만 + 若 같을 약 = 萬若

일만[萬] 가지와 같은[若] 경우가 萬若이다.

있을지도 모르는 뜻밖의 경우에.

❀ 다음 빈칸에 한자어의 독음과 한자의 훈음을 예쁘게 써 보세요.

| 萬若 | | / | 萬 | | + | 若 | |

우리는 萬若의 사태에 대비할 준비를 하였다.

萬 若 萬 若

1. 다음 ☐☐안에 알맞은 한자어를 <보기>에서 찾아 써 보세요.

보기	關聯 空氣 各各 結果 觀察 構成 多樣 科學 萬若 決定

각 각 각 과	각 각 각 은	따 로 따 로		이 고
맺 을 결 에	과 실 과 는	열 매 맺 음		이 며
결 단 할 결	정 할 정 은	일 의 매 듭		이 고
빌 공 에 다	기 운 기 는	투 명 기 체		이 며
조 목 과 에	배 울 학 은	진 리 발 견		이 고
빗 장 관 에	잇 달 련 은	서 로 얽 힌		이 며
볼 관 하 고	살 필 찰 은	보 고 살 핌		이 고
얽 을 구 에	이 룰 성 은	얽 어 이 룬		이 며
많 을 다 에	모 양 양 은	여 러 모 양		이 고
일 만 만 에	같 은 약 은	만 일 혹 시		이 다

2. 다음 한자어의 뜻을 써 보세요.

① 各各

② 結果

③ 決定

④ 空氣

⑤ 科學

⑥ 關聯

⑦ 觀察

⑧ 構成

⑨ 多樣

⑩ 萬若

3. 다음 한자어의 독음을 쓰고, 한자를 예쁘게 써 보세요.

①	各各		各	各	各	各		
②	結果		結	果	結	果		
③	決定		決	定	決	定		
④	空氣		空	氣	空	氣		
⑤	科學		科	學	科	學		
⑥	關聯		關	聯	關	聯		
⑦	觀察		觀	察	觀	察		
⑧	構成		構	成	構	成		
⑨	多樣		多	樣	多	樣		
⑩	萬若		萬	若	萬	若		

4. 다음 한자어에 독음과 알맞은 뜻을 바르게 연결하세요.

① 結果 • • 관련 • • 행동이나 태도를 분명하게 정함.

② 決定 • • 결정 • • 둘 이상의 사람, 사물, 현상 따위가 서로 관계를 맺어 매여 있음.

③ 關聯 • • 결과 • • 사물이나 현상을 주의하여 자세히 살펴봄.

④ 觀察 • • 구성 • • 여러 부분이나 요소들을 얽어 짜서 체계적인 하나의 통일체로 만듦.

⑤ 構成 • • 관찰 • • 어떤 원인으로 결말이 생김. 또는 그런 결말의 상태.

模型 ＊ 物質 ＊ 物體 ＊ 方向 ＊ 變化
不便 ＊ 比較 ＊ 飛行機 ＊ 事物 ＊ 相對

📍 한글로 된 가사를 노래로 부르면 한자어의 뜻이 쉽게 이해돼요.

본 뜰 모 에	거 푸 집 형	본 뜬 물 건	모 형 이 고
물 건 물 에	바 탕 질 은	물 체 바 탕	물 질 이 며
물 건 물 에	몸 체 하 면	형 태 가 진	물 체 이 고
모 방 에 다	향 할 향 은	방 위 향 한	방 향 이 며
변 할 변 에	될 화 하 면	바 뀌 어 진	변 화 이 고
아 니 불 에	편 할 편 은	편 치 못 한	불 편 이 며
견 줄 비 에	견 줄 교 는	견 준 다 는	비 교 이 고
날 비 갈 행	베 틀 기 는	공 중 나 는	비 행 기 며
일 사 하 고	물 건 물 은	일 과 물 건	사 물 이 고
서 로 상 에	대 할 대 는	서 로 대 함	상 대 이 다

📍 이제는 한자로 쓰인 한자어 가사도 쉽게 읽을 수 있어요~~^^

본 뜰 模 에	거 푸 집 型	본 뜬 物 件	模 型 이 고
物 件 物 에	바 탕 質 은	物 體 바 탕	物 質 이 며
物 件 物 에	몸 體 하 면	形 態 가 진	物 體 이 고
모 方 에 다	向 할 向 은	方 位 向 한	方 向 이 며
變 할 變 에	될 化 하 면	바 뀌 어 진	變 化 이 고
아 니 不 에	便 할 便 은	便 치 못 한	不 便 이 며
견 줄 比 에	견 줄 較 는	견 준 다 는	比 較 이 고
날 飛 갈 行	베 틀 機 는	空 中 나 는	飛 行 機 며
일 事 하 고	物 件 物 은	일 과 物 件	事 物 이 고
서 로 相 에	對 할 對 는	서 로 對 함	相 對 이 다

模型　모형

模 본뜰 **모** + 型 거푸집 **형** = 模型

실물을 본뜬[模] 거푸집[型]이 模型이다.

실물을 본떠서 만든 물건.

❀ 다음 빈칸에 한자어의 독음과 한자의 훈음을 예쁘게 써 보세요.

模型　　　／　模　　　＋　型

나는 模型 비행기를 조립해서 공원으로 나갔다.

模	型	模	型						

物質　물질

物 물건 **물** + 質 바탕 **질** = 物質

물체[物]의 바탕[質]이 物質이다.

물체를 이루는 본바탕.

❀ 다음 빈칸에 한자어의 독음과 한자의 훈음을 예쁘게 써 보세요.

物質　　　／　物　　　＋　質

퇴적 物質이 물이 흘러가는 방향을 따라 쌓였다.

物	質	物	質						

物 體 물체

物 물건 **물** + 體 몸 **체** = 物體

(말개 미팅) 물건[物]의 형체[體]가 있는 것이 物體이다.

(사전 풀이) 구체적인 형태를 가지고 존재하는 물건.

❀ 다음 빈칸에 한자어의 독음과 한자의 훈음을 예쁘게 써 보세요.

| 物體 | | / | 物 | | + | 體 | |

(독음 연습) 방구석에 이상한 物體가 눈에 띄었다.

物	體	物	體					

方 向 방향

方 모 **방** + 向 향할 **향** = 方向

(말개 미팅) 어떤 방위[方]를 향한[向] 쪽이 方向이다.

(사전 풀이) 어떤 방위를 향한 쪽.

❀ 다음 빈칸에 한자어의 독음과 한자의 훈음을 예쁘게 써 보세요.

| 方向 | | / | 方 | | + | 向 | |

(독음 연습) 길을 잘못 들어 方向을 잃고 한참 헤맸다.

方	向	方	向					

變化 변화

變 변할 **변** + 化 될 **화** = 變化

변해서[變] 되어[化] 가는 것이 變化이다.

사물의 성질, 모양, 상태 따위가 바뀌어 달라짐.

❀ 다음 빈칸에 한자어의 독음과 한자의 훈음을 예쁘게 써 보세요.

變化 [   ] / 變 [   ] + 化 [   ]

새 학년이 되었으니 내 스스로 變化 하겠다고 다짐했다.

變	化	變	化				

不便 불편

不 아니 **불** + 便 편할 **편** = 不便

편하지[便] 아니함[不]이 不便이다.

어떤 것을 사용하거나 이용하는 것이 거북하거나 괴로움.

❀ 다음 빈칸에 한자어의 독음과 한자의 훈음을 예쁘게 써 보세요.

不便 [   ] / 不 [   ] + 便 [   ]

가장 무더운 날에 전기가 나가서 시민들이 큰 不便을 겪었다.

不	便	不	便				

比 較 비교

比 견줄 비 + 較 견줄 교 = 比較

(밝기회림) 견주어[比] 살피는[較] 것이 比較이다.

(사전풀이) 둘 이상의 것을 견주어 공통점이나 차이점, 우열을 살핌.

❀ 다음 빈칸에 한자어의 독음과 한자의 훈음을 예쁘게 써 보세요.

比較 [　　] / 比 [　　] + 較 [　　]

(독음연습) 어머니의 헌신적 사랑은 그 무엇과도 比較할 수 없다.

比	較	比	較					

飛行機 비행기

飛 날 비 + 行 갈 행 + 機 베틀 기 = 飛行機

(밝기회림) 날아[飛] 가는[行] 틀[機]이 飛行機이다.

(사전풀이) 동력으로 프로펠러를 돌리거나 연소 가스의 분사로 하늘을 나는 기계.

❀ 다음 빈칸에 한자어의 독음과 한자의 훈음을 예쁘게 써 보세요.

飛行機 [　　] / 飛 [　　] + 行 [　　] + 機 [　　]

(독음연습) 나는 아직까지 한 번도 飛行機를 타본 적이 없다.

飛	行	機	飛	行	機			

事 物　사물

事　일　사 ＋ 物　물건　물 ＝ 事物

(말기 꾀임) 일[事]과 물건[物]을 아울러 말하면 事物이다.

(사전 풀이) 일과 물건을 아울러 이르는 말.

❀ 다음 빈칸에 한자어의 독음과 한자의 훈음을 예쁘게 써 보세요.

| 事物 | | / | 事 | | ＋ | 物 | |

(독음연습) 우리는 독서를 통하여 많은 事物과 그 이름을 배운다.

| 事 | 物 | 事 | 物 | | | | |

相 對　상대

相　서로　상 ＋ 對　대할　대 ＝ 相對

(말기 꾀임) 서로[相] 대하는[對] 것이 相對이다.

(사전 풀이) 서로 마주 대함. 또는 그런 대상.

❀ 다음 빈칸에 한자어의 독음과 한자의 훈음을 예쁘게 써 보세요.

| 相對 | | / | 相 | | ＋ | 對 | |

(독음연습) 말이 많은 사람은 아예 相對도 하지 말아야 한다.

| 相 | 對 | 相 | 對 | | | | |

1. 다음 □□안에 알맞은 한자어를 <보기>에서 찾아 써 보세요.

> 보기 比較 模型 事物 變化 物質 方向 飛行機 相對 物體 不便

본 뜰 모 에	거 푸 집 형	본 뜬 물 건		이 고
물 건 물 에	바 탕 질 은	물 체 바 탕		이 며
물 건 물 에	몸 체 하 면	형 태 가 진		이 고
모 방 에 다	향 할 향 은	방 위 향 한		이 며
변 할 변 에	될 화 하 면	바 뀌 어 진		이 고
아 니 불 에	편 할 편 은	편 치 못 한		이 며
견 줄 비 에	견 줄 교 는	견 준 다 는		이 고
날 비 갈 행	베 틀 기 는	공 중 나 는		며
일 사 하 고	물 건 물 은	일 과 물 건		이 고
서 로 상 에	대 할 대 는	서 로 대 함		이 다

2. 다음 한자어의 뜻을 써 보세요.

① 模型 　　　　　　　⑥ 不便

② 物質 　　　　　　　⑦ 比較

③ 物體 　　　　　　　⑧ 飛行機

④ 方向 　　　　　　　⑨ 事物

⑤ 變化 　　　　　　　⑩ 相對

3. 다음 한자어의 독음을 쓰고, 한자를 예쁘게 써 보세요.

① 模型 　　　　模型 模型
② 物質 　　　　物質 物質
③ 物體 　　　　物體 物體
④ 方向 　　　　方向 方向
⑤ 變化 　　　　變化 變化
⑥ 不便 　　　　不便 不便
⑦ 比較 　　　　比較 比較
⑧ 飛行機 　　　飛行機 飛行機
⑨ 事物 　　　　事物 事物
⑩ 相對 　　　　相對 相對

4. 다음 한자어에 독음과 알맞은 뜻을 바르게 연결하세요.

① 模型 ・　・ 물질 ・　・ 사물의 성질, 모양, 상태 따위가 바뀌어 달라짐.

② 物質 ・　・ 모형 ・　・ 물체를 이루는 본바탕.

③ 不便 ・　・ 비교 ・　・ 실물을 본떠서 만든 물건.

④ 變化 ・　・ 변화 ・　・ 어떤 것을 사용하거나 이용하는 것이 거북하거나 괴로움.

⑤ 比較 ・　・ 불편 ・　・ 둘 이상의 것을 견주어 공통점이나 차이점, 우열을 살핌.

生命 * 生活 * 膳物 * 成功 * 世界
紹介 * 瞬間 * 時間 * 始作 * 安全

한글로 된 가사를 노래로 부르면 한자어의 뜻이 쉽게 이해돼요.

살 생 하 고	목 숨 명 은	살 아 숨 쉼	생 명 이 고
생 계 꾸 려	살 아 나 감	날 생 살 활	생 활 이 며
반 찬 선 에	물 건 물 은	물 건 선 사	선 물 이 고
이 룰 성 에	공 공 하 면	뜻 을 이 룸	성 공 이 며
세 상 세 에	지 경 계 는	모 든 나 라	세 계 이 고
이 을 소 에	끼 일 개 는	서 로 알 게	소 개 이 며
깜 짝 일 순	사 이 간 은	잠 깐 동 안	순 간 이 고
때 시 에 다	사 이 간 은	때 의 사 이	시 간 이 며
처 음 시 에	지 을 작 은	일 의 처 음	시 작 이 고
편 안 할 안	온 전 할 전	편 안 온 전	안 전 이 다

이제는 한자로 쓰인 한자어 가사도 쉽게 읽을 수 있어요~~^^

살 生 하 고	목 숨 命 은	살 아 숨 쉼	生 命 이 고
生 計 꾸 려	살 아 나 감	날 生 살 活	生 活 이 며
飯 饌 膳 에	物 件 物 은	物 件 膳 賜	膳 物 이 고
이 룰 成 에	공 功 하 면	뜻 을 이 룸	成 功 이 며
世 上 世 에	地 境 界 는	모 든 나 라	世 界 이 고
이 을 紹 에	끼 일 介 는	서 로 알 게	紹 介 이 며
깜 짝 일 瞬	사 이 間 은	잠 깐 동 안	瞬 間 이 고
때 時 에 다	사 이 間 은	때 의 사 이	時 間 이 며
처 음 始 에	지 을 作 은	일 의 처 음	始 作 이 고
便 安 할 安	穩 全 할 全	便 安 穩 全	安 全 이 다

生 命 　생명

生 　살 　생 ＋ 命 　목숨 　명 ＝ 　生命

🔵 살아[生]있는 목숨[命]이 生命이다.

🔵 사람이 살아서 숨 쉬고 활동할 수 있게 하는 힘.

❀ 다음 빈칸에 한자어의 독음과 한자의 훈음을 예쁘게 써 보세요.

生命 [　　　] / 生 [　　　] ＋ 命 [　　　]

🔵 그는 나를 구해 준 生命의 은인이다.

生	命	生	命					

生 活 　생활

生 　날 　생 ＋ 活 　살 　활 ＝ 　生活

🔵 태어나서[生] 살아가는[活] 것이 生活이다.

🔵 사람이나 동물이 일정한 환경에서 활동하며 살아감.

❀ 다음 빈칸에 한자어의 독음과 한자의 훈음을 예쁘게 써 보세요.

生活 [　　　] / 生 [　　　] ＋ 活 [　　　]

🔵 아버지는 지난 20년 동안 코끼리의 生活을 연구해 오셨다.

生	活	生	活					

膳 物　선물

膳　반찬　선 + 物　물건　물 = 膳物

(암기비법) 반찬[膳]처럼 부담 없이 먹는 물건[物]이 膳物이다.

(사전풀이) 남에게 어떤 물건 따위를 선사함. 또는 그 물건.

❀ 다음 빈칸에 한자어의 독음과 한자의 훈음을 예쁘게 써 보세요.

| 膳物 | | / | 膳 | | + | 物 | |

(독음연습) 나는 친구의 생일 膳物로 필통을 샀다.

膳	物	膳	物					

成 功　성공

成　이룰　성 + 功　공　공 = 成功

(암기비법) 이루어낸[成] 공[功]이 成功이다.

(사전풀이) 뜻한 것이 이루어짐.

❀ 다음 빈칸에 한자어의 독음과 한자의 훈음을 예쁘게 써 보세요.

| 成功 | | / | 成 | | + | 功 | |

(독음연습) 실패는 成功의 어머니이다.

成	功	成	功					

世 界 세계

世 세상 세 + 界 지경 계 = 世界

(풀기 비밀) 세상[世]의 지경[界] 안이 世界이다.

(낱말 풀이) 지구 위의 모든 나라.

❀ 다음 빈칸에 한자어의 독음과 한자의 훈음을 예쁘게 써 보세요.

世界 [　　　] / 世 [　　　] + 界 [　　　]

(독음 연습) 우리나라는 世界 평화와 인류 번영에 기여하고 있다.

世	界	世	界					

紹 介 소개

紹 이을 소 + 介 끼일 개 = 紹介

(풀기 비밀) 끼어들어[介] 서로 이어주는[紹] 것이 紹介이다.

(낱말 풀이) 둘 사이에서 양편의 일이 진행되게 주선함.

❀ 다음 빈칸에 한자어의 독음과 한자의 훈음을 예쁘게 써 보세요.

紹介 [　　　] / 紹 [　　　] + 介 [　　　]

(독음 연습) 이 신문은 신간 서적에 대한 紹介를 자세히 해주었다.

紹	介	紹	介					

瞬間 순간

瞬 깜짝일 순 + 間 사이 간 = 瞬間

깜짝이는[瞬] 사이[間]가 瞬間이다.

아주 짧은 동안.

❀ 다음 빈칸에 한자어의 독음과 한자의 훈음을 예쁘게 써 보세요.

瞬間 □ / 瞬 □ + 間 □

우리 대표 팀은 결정적인 瞬間에 실수를 연발했다.

瞬	間	瞬	間				

時間 시간

時 때 시 + 間 사이 간 = 時間

때[時]의 사이[間]가 時間이다.

어떤 시각에서 어떤 시각까지의 사이.

❀ 다음 빈칸에 한자어의 독음과 한자의 훈음을 예쁘게 써 보세요.

時間 □ / 時 □ + 間 □

우리들은 쉬는 時間에도 시험공부를 하였다.

時	間	時	間				

始 作 시작

始 처음 시 + 作 지을 작 = 始作

(암기비법) 처음[始] 짓는[作] 것이 始作이다.

(사전풀이) 어떤 일이나 행동의 처음 단계를 이루거나 그렇게 하게 함.

❀ 다음 빈칸에 한자어의 독음과 한자의 훈음을 예쁘게 써 보세요.

| 始作 | | / | 始 | | + | 作 | |

(독음연습) 수업 始作시간이 얼마 남지 않았다.

| 始 | 作 | 始 | 作 | | | | | | |

安 全 안전

安 편안할 안 + 全 온전할 전 = 安全

(암기비법) 편안하고[安] 온전한[全] 것이 安全이다.

(사전풀이) 위험이 생기거나 사고가 날 염려가 없음.

❀ 다음 빈칸에 한자어의 독음과 한자의 훈음을 예쁘게 써 보세요.

| 安全 | | / | 安 | | + | 全 | |

(독음연습) 安全벨트는 생명벨트입니다.

| 安 | 全 | 安 | 全 | | | | | | |

1. 다음 ☐☐안에 알맞은 한자어를 <보기>에서 찾아 써 보세요.

보기	世界 瞬間 始作 生命 膳物 紹介 時間 成功 安全 生活

살 생 하 고	목 숨 명 은	살 아 숨 쉼		이 고
생 계 꾸 려	살 아 나 감	날 생 살 활		이 며
반 찬 선 에	물 건 물 은	물 건 선 사		이 고
이 룰 성 에	공 공 하 면	뜻 을 이 룸		이 며
세 상 세 에	지 경 계 는	모 든 나 라		이 고
이 을 소 에	끼 일 개 는	서 로 알 게		이 며
깜 짝 일 순	사 이 간 은	잠 깐 동 안		이 고
때 시 에 다	사 이 간 은	때 의 사 이		이 며
처 음 시 에	지 을 작 은	일 의 처 음		이 고
편 안 할 안	온 전 할 전	편 안 온 전		이 다

2. 다음 한자어의 뜻을 써 보세요.

① 生命 　　　　　　　　　⑥ 紹介

② 生活 　　　　　　　　　⑦ 瞬間

③ 膳物 　　　　　　　　　⑧ 時間

④ 成功 　　　　　　　　　⑨ 始作

⑤ 世界 　　　　　　　　　⑩ 安全

3. 다음 한자어의 독음을 쓰고, 한자를 예쁘게 써 보세요.

①	生命		生	命	生	命		
②	生活		生	活	生	活		
③	膳物		膳	物	膳	物		
④	成功		成	功	成	功		
⑤	世界		世	界	世	界		
⑥	紹介		紹	介	紹	介		
⑦	瞬間		瞬	間	瞬	間		
⑧	時間		時	間	時	間		
⑨	始作		始	作	始	作		
⑩	安全		安	全	安	全		

4. 다음 한자어에 독음과 알맞은 뜻을 바르게 연결하세요.

① 膳物 • • 안전 • • 어떤 일이나 행동의 처음 단계를 이루거나 그렇게 하게 함.

② 紹介 • • 시작 • • 위험이 생기거나 사고가 날 염려가 없음.

③ 瞬間 • • 순간 • • 남에게 어떤 물건 따위를 선사함. 또는 그 물건.

④ 始作 • • 소개 • • 아주 짧은 동안.

⑤ 安全 • • 선물 • • 둘 사이에서 양편의 일이 진행되게 주선함.

液體 ＊ 溫度 ＊ 位置 ＊ 移動 ＊ 利用
注意 ＊ 準備物 ＊ 測定 ＊ 探求 ＊ 標示

📍 한글로 된 가사를 노래로 부르면 한자어의 뜻이 쉽게 이해돼요.

부 피 있 고	형 태 없 는	진 액 몸 체	액 체 이 고
따 뜻 할 온	법 도 도 는	더 운 정 도	온 도 이 며
자 리 위 에	둘 치 이 니	일 정 자 리	위 치 이 고
옮 길 이 에	움 직 일 동	움 직 여 감	이 동 이 며
이 로 울 리	쓸 용 하 면	이 롭 게 씀	이 용 이 고
물 댈 주 에	뜻 의 하 면	마 음 조 심	주 의 이 며
수 준 기 준	갖 출 비 에	물 건 물 의	준 비 물 과
헤 아 릴 측	정 할 정 은	크 기 를 잼	측 정 이 며
찾 을 탐 에	구 할 구 는	찾 아 구 함	탐 구 이 고
우 듬 지 표	보 일 시 는	외 부 보 임	표 시 이 다

📍 이제는 한자로 쓰인 한자어 가사도 쉽게 읽을 수 있어요~~^^

부 피 있 고	形 態 없 는	진 液 몸 體	液 體 이 고
따 뜻 할 溫	法 度 度 는	더 운 程 度	溫 度 이 며
자 리 位 에	둘 置 이 니	一 定 자 리	位 置 이 고
옮 길 移 에	움 직 일 動	움 직 여 감	移 動 이 며
이 로 울 利	쓸 用 하 면	이 롭 게 씀	利 用 이 고
물 댈 注 에	뜻 意 하 면	마 음 操 心	注 意 이 며
水 準 器 準	갖 출 備 에	物 件 物 의	準 備 物 과
헤 아 릴 測	定 할 定 은	크 기 를 잼	測 定 이 며
찾 을 探 에	求 할 求 는	찾 아 求 함	探 求 이 고
우 듬 지 標	보 일 示 는	外 部 보 임	標 示 이 다

液 體　액체

液　진　액　+　體　몸　체　=　[液體]

진[液]으로 된 물체[體]가 液體이다.

일정한 부피는 가졌으나 일정한 형태를 가지지 못한 물질.

❀ 다음 빈칸에 한자어의 독음과 한자의 훈음을 예쁘게 써 보세요.

液體 [　] / 液 [　] + 體 [　]

간장은 짠맛을 내는 검은 갈색의 液體이다.

液	體	液	體				

溫 度　온도

溫　따뜻할　온　+　度　법도　도　=　[溫度]

따뜻한[溫] 정도[度]가 溫度이다.

차가움과 뜨거움의 정도를 나타내는 수치.

❀ 다음 빈칸에 한자어의 독음과 한자의 훈음을 예쁘게 써 보세요.

溫度 [　] / 溫 [　] + 度 [　]

휘발유는 溫度가 조금만 올라가도 부피가 쉽게 팽창한다.

溫	度	溫	度				

位 置 위치

位 자리 위 + 置 둘 치 = 位置

암기비법 두어진[置] 자리[位]가 位置이다.

사전풀이 사물이 일정한 곳에 자리를 차지함.

❀ 다음 빈칸에 한자어의 독음과 한자의 훈음을 예쁘게 써 보세요.

位置 [ ] / 位 [ ] + 置 [ ]

독음연습 내 책상의 位置를 창가 쪽으로 옮겼다.

位	置	位	置					

移 動 이동

移 옮길 이 + 動 움직일 동 = 移動

암기비법 옮기어[移] 움직이는[動] 것이 移動이다.

사전풀이 움직여 옮김.

❀ 다음 빈칸에 한자어의 독음과 한자의 훈음을 예쁘게 써 보세요.

移動 [ ] / 移 [ ] + 動 [ ]

독음연습 우리는 철새들의 移動 경로를 관찰해 보기로 했다.

移	動	移	動					

利 用　이용

利 이로울 리 + 用 쓸 용 = 利用

이롭게[利] 쓰는[用] 것이 利用이다.

대상을 필요에 따라 이롭게 씀.

❀ 다음 빈칸에 한자어의 독음과 한자의 훈음을 예쁘게 써 보세요.

| 利用 | | / | 移 | | + | 用 | |

어머니는 나에게 시립 도서관 利用 방법을 가르쳐 주셨다.

移	用	移	用						

注 意　주의

注 물댈 주 + 意 뜻 의 = 注意

물을 대듯이[注] 뜻[意]을 조심하는 것이 注意이다.

마음에 새겨 두고 조심함.

❀ 다음 빈칸에 한자어의 독음과 한자의 훈음을 예쁘게 써 보세요.

| 注意 | | / | 注 | | + | 意 | |

보통 注意가 산만한 사람들은 정서 불안인 경우가 많다.

注	意	注	意						

準備物 준비물

準 수준기 준 + 備 갖출 비 + 物 물건 물 = 準備物

(암기비법) 준비[準備]해야 할 물건[物]이 準備物이다.

(사전풀이) 어떤 일을 하기 위하여 미리 준비해야 할 물건.

❀ 다음 빈칸에 한자어의 독음과 한자의 훈음을 예쁘게 써 보세요.

| 準備物 | | / | 準 | | + | 備 | | + | 物 | |

(독음연습) 여행을 떠나기 전 準備物에 빠진 물건이 없는지 살펴보아라.

準	備	物	準	備	物			

測 定 측정

測 헤아릴 측 + 定 정할 정 = 測定

(암기비법) 헤아려서[測] 정하는[定] 것이 測定이다.

(사전풀이) 일정한 양을 기준으로 하여 같은 종류의 다른 양의 크기를 잼.

❀ 다음 빈칸에 한자어의 독음과 한자의 훈음을 예쁘게 써 보세요.

| 測定 | | / | 測 | | + | 定 | |

(독음연습) 우리는 이 거리를 測定을 해 보기로 했다.

測	定	測	定					

探 求 탐구

探 찾을 탐 + 求 구할 구 = 探求

찾아내어[探] 구하는[求] 것이 探求이다.

필요한 것을 조사하여 찾아내거나 얻어 냄.

❀ 다음 빈칸에 한자어의 독음과 한자의 훈음을 예쁘게 써 보세요.

| 探求 | | / | 探 | | + | 求 | |

우리는 이 문제에 대한 대안의 探求를 위해 지혜를 모았다.

| 探 | 求 | 探 | 求 | | | | | | |

標 示 표시

標 우듬지 표 + 示 보일 시 = 標示

표[標]를 하여 외부에 드러내 보이는[示] 것이 標示이다.

어떤 사항을 알리는 문구나 기호 따위를 외부에 나타내 보임.

❀ 다음 빈칸에 한자어의 독음과 한자의 훈음을 예쁘게 써 보세요.

| 標示 | | / | 標 | | + | 示 | |

등교해보니 교실 문에는 '칠 주의'라는 標示가 붙어 있었다.

| 標 | 示 | 標 | 示 | | | | | | |

▶▶▶

1. 다음 □□안에 알맞은 한자어를 <보기>에서 찾아 써 보세요.

보기	探求 利用 液體 溫度 移動 注意 測定 標示 位置 準備物

부 피 있 고	형 태 없 는	진 액 몸 체		이 고
따 뜻 할 온	법 도 도 는	더 운 정 도		이 며
자 리 위 에	둘 치 이 니	일 정 자 리		이 고
옮 길 이 에	움 직 일 동	움 직 여 감		이 며
이 로 울 리	쓸 용 하 면	이 롭 게 씀		이 고
물 댈 주 에	뜻 의 하 면	마 음 조 심		이 며
수 준 기 준	갖 출 비 에	물 건 물 의		과
헤 아 릴 측	정 할 정 은	크 기 를 잼		이 며
찾 을 탐 에	구 할 구 는	찾 아 구 함		이 고
우 듬 지 표	보 일 시 는	외 부 보 임		이 다

2. 다음 한자어의 뜻을 써 보세요.

① 液體 　　　　　　　　　　　　⑥ 注意

② 溫度 　　　　　　　　　　　　⑦ 準備物

③ 位置 　　　　　　　　　　　　⑧ 測定

④ 移動 　　　　　　　　　　　　⑨ 探求

⑤ 利用 　　　　　　　　　　　　⑩ 標示

3. 다음 한자어의 독음을 쓰고, 한자를 예쁘게 써 보세요.

①	液體		液	體	液	體			
②	溫度		溫	度	溫	度			
③	位置		位	置	位	置			
④	移動		移	動	移	動			
⑤	利用		利	用	利	用			
⑥	注意		注	意	注	意			
⑦	準備物		準	備	物	準	備	物	
⑧	測定		測	定	測	定			
⑨	探求		探	求	探	求			
⑩	標示		標	示	標	示			

4. 다음 한자어에 독음과 알맞은 뜻을 바르게 연결하세요.

① 液體 • • 위치 • • 일정한 부피는 가졌으나 일정한 형태를 가지지 못한 물질.

② 位置 • • 액체 • • 사물이 일정한 곳에 자리를 차지함.

③ 注意 • • 주의 • • 필요한 것을 조사하여 찾아내거나 얻어 냄.

④ 測定 • • 탐구 • • 마음에 새겨 두고 조심함.

⑤ 探求 • • 측정 • • 일정한 양을 기준으로 하여 같은 종류의 다른 양의 크기를 잼.

도덕

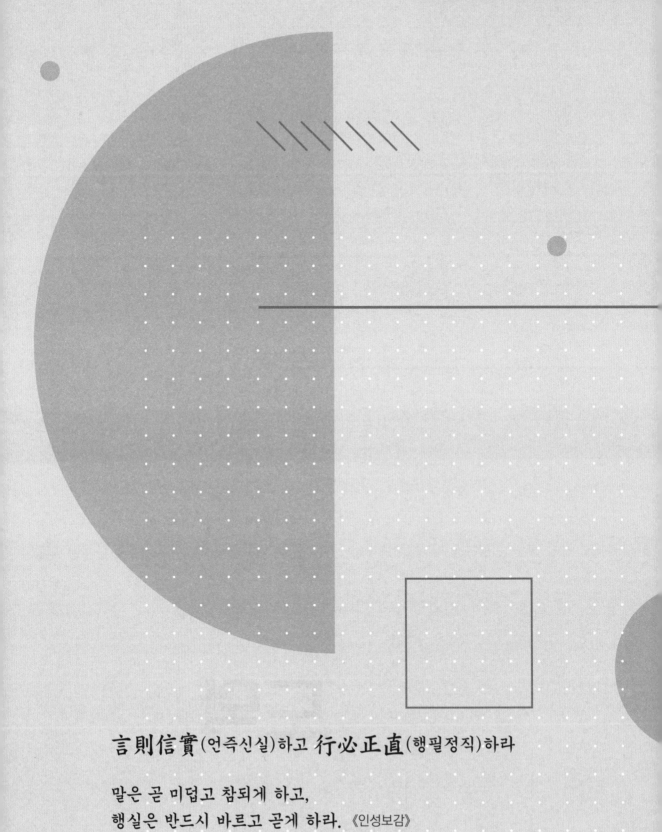

言則信實(언즉신실)하고 行必正直(행필정직)하라

말은 곧 미덥고 참되게 하고,
행실은 반드시 바르고 곧게 하라. 《인성보감》

假想 * 葛藤 * 感謝 * 苦悶 * 公益
敎室 * 權利 * 規則 * 努力 * 段階

📍 한글로 된 가사를 노래로 부르면 한자어의 뜻이 쉽게 이해돼요.

거 짓 가 에	생 각 상 은	거 짓 생 각	가 상 이 고
칡 갈 하 고	등 나 무 등	서 로 충 돌	갈 등 이 며
느 낄 감 에	사 례 할 사	고 마 워 서	감 사 이 고
괴 로 울 고	번 민 할 민	애 를 태 움	고 민 이 며
공 변 될 공	이 로 울 익	사 회 이 익	공 익 이 고
가 르 칠 교	집 실 이 면	수 업 하 는	교 실 이 며
권 세 권 에	이 로 울 리	권 세 이 익	권 리 이 고
법 규 에 다	법 칙 칙 은	정 한 법 칙	규 칙 이 며
힘 쓸 노 에	힘 력 하 면	힘 껏 애 쓴	노 력 이 고
층 계 단 에	섬 돌 계 는	차 례 과 정	단 계 이 다

📍 이제는 한자로 쓰인 한자어 가사도 쉽게 읽을 수 있어요~~^^

거 짓 假 에	생 각 想 은	거 짓 생 각	假 想 이 고
칡 葛 하 고	藤 나 무 藤	서 로 衝 突	葛 藤 이 며
느 낄 感 에	謝 禮 할 謝	고 마 워 서	感 謝 이 고
괴 로 울 苦	繁 悶 할 悶	애 를 태 움	苦 悶 이 며
공 변 될 公	利 로 울 益	社 會 利 益	公 益 이 고
가 르 칠 敎	집 室 이 면	受 業 하 는	敎 室 이 며
權 勢 權 에	이 로 울 利	權 勢 利 益	權 利 이 고
法 規 에 다	法 則 則 은	定 한 法 則	規 則 이 며
힘 쓸 努 에	힘 力 하 면	힘 껏 애 쓴	努 力 이 고
層 階 段 에	섬 돌 階 는	次 例 過 定	段 階 이 다

假 想　가상

假　거짓 **가** + 想　생각 **상** = 假想

가정[假]하여 생각[想]하는 것이 假想이다.

사실이 아니거나 사실 여부가 분명하지 않은 것을 사실이라고 가정하여 생각함.

❀ 다음 빈칸에 한자어의 독음과 한자의 훈음을 예쁘게 써 보세요.

假想		/	假		+	想	

입체 영상으로 假想 현실을 체험하다니 신기하다.

假	想	假	想						

葛 藤　갈등

葛　칡 **갈** + 藤　등나무 **등** = 葛藤

칡[葛]과 등나무[藤]처럼 서로 얽히는 것이 葛藤이다.

개인이나 집단 사이에 목표나 이해관계가 달라 서로 적대시하거나 충돌함.

❀ 다음 빈칸에 한자어의 독음과 한자의 훈음을 예쁘게 써 보세요.

葛藤		/	葛		+	藤	

그 두 사람은 대화를 할수록 葛藤의 골이 깊어만 간다.

葛	藤	葛	藤						

感 謝 감사

感 느낄 감 + 謝 사례할 사 = 感謝

느끼어서[感] 사례하는[謝] 것이 感謝이다.

고마움을 나타내는 인사.

❀ 다음 빈칸에 한자어의 독음과 한자의 훈음을 예쁘게 써 보세요.

感謝 □ / 感 □ + 謝 □

스승의 날을 맞아 3학년 때 담임선생님께 感謝의 편지를 썼다.

感	謝	感	謝					

苦 悶 고민

苦 괴로울 고 + 悶 번민할 민 = 苦悶

괴로워[苦]하고 번민하는[悶] 것이 苦悶이다.

마음속으로 괴로워하고 애를 태움.

❀ 다음 빈칸에 한자어의 독음과 한자의 훈음을 예쁘게 써 보세요.

苦悶 □ / 苦 □ + 悶 □

나는 苦悶을 친구에게 털어 놓았다.

苦	悶	苦	悶					

公 益 공익

公 공평할 공 + 益 이로울 익 = 公益

(암기비법) 공평하게[公] 이롭게[益]하는 것이 公益이다.

(사전풀이) 사회 전체의 이익.

❀ 다음 빈칸에 한자어의 독음과 한자의 훈음을 예쁘게 써 보세요.

公益		/	公		+	益	

(독음연습) 공무원은 어떤 경우에도 公益을 먼저 생각해야 한다.

公	益	公	益					

教 室 교실

教 가르칠 교 + 室 집 실 = 教室

(암기비법) 가르침을[教] 받는 방[室]이 教室이다.

(사전풀이) 유치원, 초등학교, 중·고등학교에서 학습 활동이 이루어지는 방.

❀ 다음 빈칸에 한자어의 독음과 한자의 훈음을 예쁘게 써 보세요.

教室		/	教		+	室	

(독음연습) 수업 시간 종을 치기 전에 어서 教室로 들어가자.

教	室	教	室					

權 利　권리

| 權 | 권세 **권** | + | 利 | 이로울 **리** | = | 權利 |

(함기비법) 권력[權]과 이익[利]이 權利이다.

(사리풀이) 특정의 이익을 주장하거나 누리기 위해 그의 의사를 관철할 수 있는 법률상의 능력.

❀ 다음 빈칸에 한자어의 독음과 한자의 훈음을 예쁘게 써 보세요.

| 權利 | | / | 權 | | + | 利 | |

(독음연습) 우리는 사회에서 차별받지 않을 權利를 가지고 있다.

| 權 | 利 | 權 | 利 | | | | |

規 則　규칙

| 規 | 법 **규** | + | 則 | 법칙 **칙** | = | 規則 |

(함기비법) 법[規]이나 법칙[則]이 規則이다.

(사리풀이) 다 함께 지키기로 정한 사항이나 법칙.

❀ 다음 빈칸에 한자어의 독음과 한자의 훈음을 예쁘게 써 보세요.

| 規則 | | / | 規 | | + | 則 | |

(독음연습) 規則적인 생활은 정신과 육체를 건강하게 한다.

| 規 | 則 | 規 | 則 | | | | |

努 力　노력

努　힘쓸　노　+　力　힘　력　=　努力

힘써[努] 힘[力]을 다하는 것이 努力이다.

목적을 이루기 위하여 몸과 마음을 다하여 애를 씀.

❀ 다음 빈칸에 한자어의 독음과 한자의 훈음을 예쁘게 써 보세요.

努力　　　/　努　　　+　力

5학년이 된 나는 열심히 努力하여 1등을 했다.

努	力	努	力						

段 階　단계

段　층계　단　+　階　섬돌　계　=　段階

층계[段]나 섬돌[階]이 段階이다.

일이나 어떤 현상이 순차적으로 진행되는 과정.

❀ 다음 빈칸에 한자어의 독음과 한자의 훈음을 예쁘게 써 보세요.

段階　　　/　段　　　+　階

이 일은 이제 거의 마무리 段階에 이르렀다.

段	階	段	階						

1. 다음 □□안에 알맞은 한자어를 <보기>에서 찾아 써 보세요.

보기	權利 公益 假想 努力 感謝 苦悶 規則 段階 敎室 葛藤

거 짓 가 에	생 각 상 은	거 짓 생 각		이 고
칡 갈 하 고	등 나 무 등	서 로 충 돌		이 며
느 낄 감 에	사 례 할 사	고 마 워 서		이 고
괴 로 울 고	번 민 할 민	애 를 태 움		이 며
공 변 될 공	이 로 울 익	사 회 이 익		이 고
가 르 칠 교	집 실 이 면	수 업 하 는		이 며
권 세 권 에	이 로 울 리	권 세 이 익		이 고
법 규 에 다	법 칙 칙 은	정 한 법 칙		이 며
힘 쓸 노 에	힘 력 하 면	힘 껏 애 쓴		이 고
층 계 단 에	섬 돌 계 는	차 례 과 정		이 다

2. 다음 한자어의 뜻을 써 보세요.

① 假想 _____   ⑥ 敎室 _____

② 葛藤 _____   ⑦ 權利 _____

③ 感謝 _____   ⑧ 規則 _____

④ 苦悶 _____   ⑨ 努力 _____

⑤ 公益 _____   ⑩ 段階 _____

3. 다음 한자어의 독음을 쓰고, 한자를 예쁘게 써 보세요.

① 假想 | | 假 想 假 想 | | | |
② 葛藤 | | 葛 藤 葛 藤 | | | |
③ 感謝 | | 感 謝 感 謝 | | | |
④ 苦悶 | | 苦 悶 苦 悶 | | | |
⑤ 公益 | | 公 益 公 益 | | | |
⑥ 教室 | | 教 室 教 室 | | | |
⑦ 權利 | | 權 利 權 利 | | | |
⑧ 規則 | | 規 則 規 則 | | | |
⑨ 努力 | | 努 力 努 力 | | | |
⑩ 段階 | | 段 階 段 階 | | | |

4. 다음 한자어에 독음과 알맞은 뜻을 바르게 연결하세요.

① 假想 • • 가상 • • 일이나 어떤 현상이 순차적으로 진행되는 과정.

② 葛藤 • • 갈등 • • 개인이나 집단 사이에 목표나 이해관계가 달라 서로 적대시하거나 충돌함.

③ 感謝 • • 단계 • • 사실이 아니거나 사실 여부가 분명하지 않은 것을 사실이라고 가정하여 생각함.

④ 苦悶 • • 고민 • • 고마움을 나타내는 인사.

⑤ 段階 • • 감사 • • 마음속으로 괴로워하고 애를 태움.

道德 ＊ 反省 ＊ 發表 ＊ 配慮 ＊ 保護
先生 ＊ 選擇 ＊ 世上 ＊ 所重 ＊ 俗談

📍 한글로 된 가사를 노래로 부르면 한자어의 뜻이 쉽게 이해돼요.

마 땅 히 들	지 킬 규 범	길 도 덕 덕	도 덕 이 고
되 돌 릴 반	살 필 성 은	돌 이 쳐 봄	반 성 이 며
어 떤 사 실	알 리 는 것	필 발 걸 표	발 표 이 고
나 눌 배 에	생 각 할 려	마 음 써 준	배 려 이 며
지 킬 보 에	보 호 할 호	잘 보 살 핌	보 호 이 고
먼 저 선 에	날 생 하 면	가 르 치 는	선 생 이 며
가 릴 선 에	가 릴 택 은	골 라 뽑 음	선 택 이 고
세 상 세 에	위 상 이 면	모 든 사 회	세 상 이 며
바 소 에 다	무 거 울 중	매 우 귀 중	소 중 이 고
풍 속 속 에	이 야 기 담	민 간 격 언	속 담 이 다

📍 이제는 한자로 쓰인 한자어 가사도 쉽게 읽을 수 있어요~~^^

마 땅 히 들	지 킬 規 範	길 道 德 德	道 德 이 고
되 돌 릴 反	살 필 省 은	돌 이 쳐 봄	反 省 이 며
어 떤 事 實	알 리 는 것	필 發 걸 表	發 表 이 고
나 눌 配 에	생 각 할 慮	마 음 써 준	配 慮 이 며
지 킬 保 에	保 護 할 護	잘 보 살 핌	保 護 이 고
먼 저 先 에	날 生 하 면	가 르 치 는	先 生 이 며
가 릴 選 에	가 릴 擇 은	골 라 뽑 음	選 擇 이 고
世 上 世 에	위 上 이 면	모 든 社 會	世 上 이 며
바 所 에 다	무 거 울 重	매 우 貴 重	所 重 이 고
風 俗 俗 에	이 야 기 談	民 間 格 言	俗 談 이 다

道 德 도덕

道 도 도 + 德 덕 덕 = 道德

암기비법 도리[道]나 덕[德]이 道德이다.

사전풀이 인간이 지켜야 할 도리나 바람직한 행동 규범.

❀ 다음 빈칸에 한자어의 독음과 한자의 훈음을 예쁘게 써 보세요.

道德 [ ] / 道 [ ] + 德 [ ]

독음연습 나는 道德 교과서에서 배운 대로 실천해 보려고 한다.

道	德	道	德						

反 省 반성

反 되돌릴 반 + 省 살필 성 = 反省

암기비법 되돌아[反] 살펴보는[省] 것이 反省이다.

사전풀이 자기 언행에 대해 잘못이나 부족함이 없는지 돌이켜봄.

❀ 다음 빈칸에 한자어의 독음과 한자의 훈음을 예쁘게 써 보세요.

反省 [ ] / 反 [ ] + 省 [ ]

독음연습 反省이 없는 삶은 발전이 없다.

反	省	反	省						

發 表　발표

發　필　**발** ＋ 表　겉　**표** ＝ 發表

겉으로[表] 드러나게[發] 하는 것이 發表이다.

어떤 사실이나 결과, 작품 따위를 세상에 널리 드러내어 알림.

❀ 다음 빈칸에 한자어의 독음과 한자의 훈음을 예쁘게 써 보세요.

發表 [　] / 發 [　] ＋ 表 [　]

오늘은 대학 합격자 發表를 하는 날이다.

發	表	發	表				

配 慮　배려

配　짝　**배** ＋ 慮　생각할　**려** ＝ 配慮

짝[配]을 생각해[慮] 주는 것이 配慮이다.

도와주거나 보살펴 주려고 마음을 씀.

❀ 다음 빈칸에 한자어의 독음과 한자의 훈음을 예쁘게 써 보세요.

配慮 [　] / 配 [　] ＋ 慮 [　]

청소년에 대한 관심과 配慮는 국가의 장래에 대한 문제이다.

配	慮	配	慮				

保 護　　보호

保 지킬 **보** + 護 보호할 **호** = 保護

지키고[保] 보호하는[護] 것이 保護이다.

위험이나 곤란 등이 미치지 않도록 잘 지키고 보살핌.

❀ 다음 빈칸에 한자어의 독음과 한자의 훈음을 예쁘게 써 보세요.

保護		/	保		+	護	

환경 保護는 미래의 후손을 위하여 아주 중요한 과제이다.

保	護	保	護						

先 生　　선생

先 먼저 **선** + 生 날 **생** = 先生

먼저[先] 태어나[生] 가르치는 사람이 先生이다.

학생을 가르치는 사람.

❀ 다음 빈칸에 한자어의 독음과 한자의 훈음을 예쁘게 써 보세요.

先生		/	先		+	生	

삼촌은 중학교 미술 先生입니다.

先	生	先	生						

選 擇 선택

選 가릴 **선** + 擇 가릴 **택** = 選擇

(암기회법) 가리고[選] 가려내는[擇] 것이 選擇이다.

(사전풀이) 여럿 가운데서 필요한 것을 골라 뽑음.

❀ 다음 빈칸에 한자어의 독음과 한자의 훈음을 예쁘게 써 보세요.

選擇 [ ] / 選 [ ] + 擇 [ ]

(독음연습) 값비싼 물건을 구입할 때에는 신중하게 選擇해야 한다.

選	擇	選	擇					

世 上 세상

世 세상 **세** + 上 위 **상** = 世上

(암기회법) 세상[世]의 위[上]가 世上이다.

(사전풀이) 사람이 살고 있는 모든 사회를 통틀어 이르는 말.

❀ 다음 빈칸에 한자어의 독음과 한자의 훈음을 예쁘게 써 보세요.

世上 [ ] / 世 [ ] + 上 [ ]

(독음연습) 世上에는 참으로 신기한 것들이 많다.

世	上	世	上					

所 重　소중

所 바 소 + 重 무거울 중 = 所重

암기비법 귀중한[重] 것[所]이 所重이다.

사전풀이 매우 귀중하다.

❀ 다음 빈칸에 한자어의 독음과 한자의 훈음을 예쁘게 써 보세요.

| 所重 | | / | 所 | | + | 重 | |

독음연습 인간에게는 무엇보다도 공기와 물이 가장 所重한 것이다.

所	重	所	重						

俗 談　속담

俗 풍속 속 + 談 이야기 담 = 俗談

암기비법 풍속[俗]에서 전하여 오는 이야기[談]가 俗談이다.

사전풀이 옛날부터 민간에 전하여 오는 쉬운 격언이나 잠언.

❀ 다음 빈칸에 한자어의 독음과 한자의 훈음을 예쁘게 써 보세요.

| 俗談 | | / | 俗 | | + | 談 | |

독음연습 세 살 적 버릇이 여든까지 간다는 俗談은 결코 헛말이 아니다.

俗	談	俗	談						

▶▶▶

1. 다음 ☐☐안에 알맞은 한자어를 <보기>에서 찾아 써 보세요.

보기

先生 所重 反省 選擇 發表 保護 世上 道德 俗談 配慮

마 땅 히 들	지 킬 규 범	길 도 덕 덕			이 고
되 돌 릴 반	살 필 성 은	돌 이 켜 봄			이 며
어 떤 사 실	알 리 는 것	필 발 겉 표			이 고
나 눌 배 에	생 각 할 려	마 음 써 준			이 며
지 킬 보 에	보 호 할 호	잘 보 살 핌			이 고
먼 저 선 에	날 생 하 면	가 르 치 는			이 며
가 릴 선 에	가 릴 택 은	골 라 뽑 음			이 고
세 상 세 에	위 상 이 면	모 든 사 회			이 며
바 소 에 다	무 거 울 중	매 우 귀 중			이 고
풍 속 속 에	이 야 기 담	민 간 격 언			이 다

2. 다음 한자어의 뜻을 써 보세요.

① 道德 ⬜

② 反省 ⬜

③ 發表 ⬜

④ 配慮 ⬜

⑤ 保護 ⬜

⑥ 先生 ⬜

⑦ 選擇 ⬜

⑧ 世上 ⬜

⑨ 所重 ⬜

⑩ 俗談 ⬜

3. 다음 한자어의 독음을 쓰고, 한자를 예쁘게 써 보세요.

	한자어	독음	쓰기
①	道德		道 德 道 德
②	反省		反 省 反 省
③	發表		發 表 發 表
④	配慮		配 慮 配 慮
⑤	保護		保 護 保 護
⑥	先生		先 生 先 生
⑦	選擇		選 擇 選 擇
⑧	世上		世 上 世 上
⑨	所重		所 重 所 重
⑩	俗談		俗 談 俗 談

4. 다음 한자어에 독음과 알맞은 뜻을 바르게 연결하세요.

① 配慮 • • 선택 • • 위험이나 곤란 등이 미치지 않도록 잘 지키고 보살핌.

② 保護 • • 보호 • • 여럿 가운데서 필요한 것을 골라 뽑음.

③ 選擇 • • 배려 • • 어떤 사실이나 결과, 작품 따위를 세상에 널리 드러내어 알림.

④ 發表 • • 발표 • • 도와주거나 보살펴 주려고 마음을 씀.

⑤ 俗談 • • 속담 • • 옛날부터 민간에 전하여 오는 쉬운 격언이나 잠언.

信號燈 * 實踐 * 約束 * 兩班 * 研究
熱心 * 映畫 * 意味 * 理由 * 著作權

📍 한글로 된 가사를 노래로 부르면 한자어의 뜻이 쉽게 이해돼요.

믿을 신 에	이 름 호 와	등 잔 등 의	신 호 등 은
열 매 실 에	밟 을 천 은	실 제 행 함	실 천 이 며
맺 을 약 에	뮦 을 속 은	미 리 정 한	약 속 이 고
두 양 에 다	나 늘 반 은	신 분 높 은	양 반 이 며
갈 연 하 여	궁 구 할 구	진 리 따 져	연 구 이 고
더 울 열 에	마 음 심 은	온 맘 쓰 는	열 심 이 며
비 출 영 에	그 림 화 는	화 면 보 는	영 화 이 고
말 이 나 글	지 니 는 뜻	뜻 의 맛 미	의 미 이 며
다 스 릴 이	말 미 암 유	까 닭 사 유	이 유 이 고
분 명 할 저	지 을 작 과	권 세 권 은	이 저 작 권

📍 이제는 한자로 쓰인 한자어 가사도 쉽게 읽을 수 있어요~~^^

믿 을 信 에	이 름 號 와	燈 盞 燈 의	信 號 燈 은
열 매 實 에	밟 을 踐 은	實 際 行 함	實 踐 이 며
맺 을 約 에	뮦 을 束 은	미 리 定 한	約 束 이 고
두 兩 에 다	나 늘 班 은	身 分 높 은	兩 班 이 며
갈 研 하 여	窮 究 할 究	眞 理 따 져	研 究 이 고
더 울 熱 에	마 음 心 은	온 맘 쓰 는	熱 心 이 며
비 출 映 에	그 림 畫 는	畫 面 보 는	映 畫 이 고
말 이 나 글	지 니 는 뜻	뜻 意 맛 味	意 味 이 며
다 스 릴 理	말 미 암 由	까 닭 事 由	理 由 이 고
分 明 할 著	지 을 作 과	權 勢 權 은	이 著 作 權

信號燈　신호등

信 믿을 신 ＋ 號 이름 호 ＋ 燈 등잔 등 ＝ 信號燈

신호[信號]를 알리는 등[燈]이 信號燈이다.

신호를 알리는 등.

❀ 다음 빈칸에 한자어의 독음과 한자의 훈음을 예쁘게 써 보세요.

| 信號燈 | | / | 信 | | ＋ | 號 | | ＋ | 燈 | |

운전자는 반드시 信號燈을 지켜야 한다.

| 信 | 號 | 燈 | 信 | 號 | 燈 | | | | |

實踐　실천

實 열매 실 ＋ 踐 밟을 천 ＝ 實踐

실제로[實] 밟아가는[踐] 것이 實踐이다.

생각한 바를 실제로 행함.

❀ 다음 빈칸에 한자어의 독음과 한자의 훈음을 예쁘게 써 보세요.

| 實踐 | | / | 實 | | ＋ | 踐 | |

아무리 좋은 계획도 實踐하지 않으면 소용이 없다.

| 實 | 踐 | 實 | 踐 | | | | | |

約 束　약속

約　맺을　약　＋　束　묶을　속　＝　約束

서로 맺고[約] 묶어서[束] 것이 約束이다.

다른 사람과 앞으로의 일을 어떻게 할 것인가를 미리 정하여 둠.

❀ 다음 빈칸에 한자어의 독음과 한자의 훈음을 예쁘게 써 보세요.

約束　[　　]　/　約　[　　]　＋　束　[　　]

이 친구는 約束을 대수롭지 않게 여기는 나쁜 버릇이 있다.

約	束	約	束						

兩 班　양반

兩　두　양　＋　班　나눌　반　＝　兩班

동반과 서반의 두[兩]개로 나뉘어[班]진 것이 兩班이다.

점잖고 예의 바른 사람.

❀ 다음 빈칸에 한자어의 독음과 한자의 훈음을 예쁘게 써 보세요.

兩班　[　　]　/　兩　[　　]　＋　班　[　　]

점잖으신 兩班이 왜 이러시는지요?

兩	班	兩	班						

研 究 연구

研 갈 **연** + 究 궁구할 **구** = 研究

🔵 **(암기 메짐)** 갈고[研] 궁구하는[究] 것이 研究이다.

🔵 **(사전 풀이)** 어떤 일이나 사물에 대하여 조사하고 생각하여 진리를 알아냄.

❀ 다음 빈칸에 한자어의 독음과 한자의 훈음을 예쁘게 써 보세요.

研究		/	研		+	究	

🔵 **(독음 연습)** 독서는 학문 研究가 아니라 책을 즐기는 행위이다.

研	究	研	究				

熱 心 열심

熱 더울 **열** + 心 마음 **심** = 熱心

🔵 **(암기 메짐)** 더운[熱] 마음[心]으로 하는 것이 熱心이다.

🔵 **(사전 풀이)** 어떤 일에 온 정성을 다하여 골똘하게 힘씀.

❀ 다음 빈칸에 한자어의 독음과 한자의 훈음을 예쁘게 써 보세요.

熱心		/	熱		+	심	

🔵 **(독음 연습)** 누나는 영어 회화공부에 그렇게 熱心일 수가 없다.

熱	心	熱	心				

映 畵 영화

映 비칠 영 + 畵 그림 화 = 映畵

비추는[映] 그림[畵]이 映畵이다.

일정한 의미를 갖고 움직이는 대상을 촬영하여 영사기로 영사막에 재현하는 종합 예술.

❀ 다음 빈칸에 한자어의 독음과 한자의 훈음을 예쁘게 써 보세요.

映畵 [　　] / 映 [　　] + 畵 [　　]

독음연습 다음 주 토요일 친구와 映畵를 보기로 약속하였다.

映	畵	映	畵					

意 味 의미

意 뜻 의 + 味 맛 미 = 意味

뜻[意]으로 맛보는[味] 것이 意味이다.

어떤 말이나 글이 나타내고 있는 내용.

❀ 다음 빈칸에 한자어의 독음과 한자의 훈음을 예쁘게 써 보세요.

意味 [　　] / 意 [　　] + 味 [　　]

독음연습 이 한자어의 意味가 한글로만 쓰여 있어서 무엇인지 잘 모르겠다.

意	味	意	味					

理 由　이유

| 理 | 다스릴 **이** | + | 由 | 말미암을 **유** | = | 理由 |

(암기비법) 다스리고[理] 말미암는[由] 것이 理由이다.

(사전풀이) 어떠한 결론이나 결과에 이른 까닭이나 근거.

❀ 다음 빈칸에 한자어의 독음과 한자의 훈음을 예쁘게 써 보세요.

| 理由 | | / | 理 | | + | 由 | |

(독음연습) 그는 잘못을 지적해 주면 꼭 理由를 대는 나쁜 버릇이 있다.

| 理 | 由 | 理 | 由 | | | | | | | |

著作權　저작권

| 著 | 분명할 **저** | + | 作 | 지을 **작** | + | 權 | 권세 **권** | = | 著作權 |

(암기비법) 저작물[著作]에 대한 권리[權]가 著作權이다.

(사전풀이) 저작물에 대한 저자 혹은 대리인의 권리.

❀ 다음 빈칸에 한자어의 독음과 한자의 훈음을 예쁘게 써 보세요.

| 著作權 | | / | 著 | | + | 作 | | + | 權 | |

(독음연습) 우리나라는 아직 著作權에 대한 인식이 많이 부족한 것 같다.

| 著 | 作 | 權 | 著 | 作 | 權 | | | | |

다시 한번 해 봐요 01

1. 다음 □□안에 알맞은 한자어를 <보기>에서 찾아 써 보세요.

보기: 熱心 實踐 映畫 理由 約束 兩班 意味 信號燈 研究 著作權

믿을 신 에	이 름 호 와	등 잔 등 의	은
열 매 실 에	밟을 천 은	실 제 행 함	이 며
맺을 약 에	묶을 속 은	미 리 정 한	이 고
두 양 에 다	나 눌 반 은	신 분 높 은	이 며
갈 연 하 여	궁 구 할 구	진 리 따 져	이 고
더울 열 에	마 음 심 은	온 맘 쏟 는	이 며
비 출 영 에	그 림 화 는	화 면 보 는	이 고
말 이 나 글	지 니 는 뜻	뜻 의 맛 미	이 며
다 스 릴 이	말 미 암 유	까 닭 사 유	이 고
분 명 할 저	지 을 작 과	권 세 권 은	이

2. 다음 한자어의 뜻을 써 보세요.

① 信號燈

② 實踐

③ 約束

④ 兩班

⑤ 研究

⑥ 熱心

⑦ 映畫

⑧ 意味

⑨ 理由

⑩ 著作權

3. 다음 한자어의 독음을 쓰고, 한자를 예쁘게 써 보세요.

①	信號燈		信	號	燈	信	號	燈
②	實踐		實	踐	實	踐		
③	約束		約	束	約	束		
④	兩班		兩	班	兩	班		
⑤	研究		研	究	研	究		
⑥	熱心		熱	心	熱	心		
⑦	映畫		映	畫	映	畫		
⑧	意味		意	味	意	味		
⑨	理由		理	由	理	由		
⑩	著作權		著	作	權	著	作	權

4. 다음 한자어에 독음과 알맞은 뜻을 바르게 연결하세요.

① 實踐 · · 약속 · · 생각한 바를 실제로 행함.

② 約束 · · 실천 · · 다른 사람과 앞으로의 일을 어떻게 할 것인가를 미리 정하여 둠.

③ 研究 · · 연구 · · 어떤 일이나 사물에 대하여 조사하고 생각하여 진리를 알아냄.

④ 熱心 · · 의미 · · 어떤 일에 온 정성을 다하여 골똘하게 힘씀.

⑤ 意味 · · 열심 · · 어떤 말이나 글이 나타내고 있는 내용.

情報 * 調節 * 尊重 * 地域 * 稱讚
責任 * 判斷 * 行動 * 幸福 * 携帶

🔵 한글로 된 가사를 노래로 부르면 한자어의 뜻이 쉽게 이해돼요.

뜻 정 하 여	알 릴 보 는	정 황 보 고	정 보 이 고
고 를 조 에	마 디 절 은	균 형 맞 게	조 절 이 며
높 을 존 에	무 거 울 중	높 혀 대 함	존 중 이 고
땅 지 하 고	지 경 역 은	일 정 구 획	지 역 이 며
일 컬 을 칭	기 릴 찬 은	높 이 평 가	칭 찬 이 고
맡 을 책 에	맡 길 임 은	맡 은 임 무	책 임 이 며
판 단 할 판	끊 을 단 은	판 가 름 한	판 단 이 고
행 할 행 에	움 직 일 동	몸 움 직 임	행 동 이 며
다 행 행 에	복 복 이 면	만 족 기 쁨	행 복 이 고
손 에 들 고	몸 에 지 닌	끌 휴 띠 대	휴 대 이 다

🔵 이제는 한자로 쓰인 한자어 가사도 쉽게 읽을 수 있어요~~^^

뜻 情 하 여	알 릴 報 는	情 況 報 告	情 報 이 고
고 를 調 에	마 디 節 은	均 衡 맞 게	調 節 이 며
높 을 尊 에	무 거 울 重	높 혀 待 함	尊 重 이 고
땅 地 하 고	地 境 域 은	一 定 區 劃	地 域 이 며
일 컬 을 稱	기 릴 讚 은	높 이 評 價	稱 讚 이 고
맡 을 責 에	맡 길 任 은	맡 은 任 務	責 任 이 며
判 斷 할 判	끊 을 斷 은	판 가 름 한	判 斷 이 고
行 할 行 에	움 직 일 動	몸 움 직 임	行 動 이 며
多 幸 幸 에	福 福 이 면	滿 足 기 쁨	幸 福 이 고
손 에 들 고	몸 에 지 닌	끌 携 띠 帶	携 帶 이 다

情 報 정보

| 情 | 뜻 | 정 | + | 報 | 알릴 | 보 | = | 情報 |

정황[情]을 알려주는[報] 것이 情報이다.

사물이나 어떤 상황에 대한 새로운 소식이나 자료.

❀ 다음 빈칸에 한자어의 독음과 한자의 훈음을 예쁘게 써 보세요.

| 情報 | | / | 情 | | + | 報 | |

이 책에는 경제에 관한 엄청난 많은 情報가 담겨 있다.

| 情 | 報 | 情 | 報 | | | | | | |

調 節 조절

| 調 | 고를 | 조 | + | 節 | 마디 | 절 | = | 調節 |

고르고[調] 적절하게[節] 맞추는 것이 調節이다.

어떤 대상의 상태를 조작하거나 제어하여 적절한 수준으로 맞춤.

❀ 다음 빈칸에 한자어의 독음과 한자의 훈음을 예쁘게 써 보세요.

| 調節 | | / | 調 | | + | 節 | |

물은 체온 調節에 반드시 필요하다.

| 調 | 節 | 調 | 節 | | | | | | |

尊重 존중

尊 높을 존 + 重 무거울 중 = 尊重

높이어[尊] 귀중하게[重] 대하는 것이 尊重이다.

높이어 귀중하게 대함.

❀ 다음 빈칸에 한자어의 독음과 한자의 훈음을 예쁘게 써 보세요.

尊重 [　] / 尊 [　] + 重 [　]

가까운 친구일수록 서로 尊重이 필요하다.

尊	重	尊	重						

地域 지역

地 땅 지 + 域 지경 역 = 地域

땅[地]의 구역[域]이 地域이다.

일정하게 구획된 어느 범위의 토지.

❀ 다음 빈칸에 한자어의 독음과 한자의 훈음을 예쁘게 써 보세요.

地域 [　] / 地 [　] + 域 [　]

地域 방송국 광고 시간에 우리 식당이 나왔다.

地	域	地	域						

稱 讚 칭찬

稱 일컬을 **칭** + 讚 기릴 **찬** = 稱讚

좋은 점을 기리어[讚] 일컬음[稱]이 稱讚이다.

좋은 점이나 착하고 훌륭한 일을 높이 평가함.

❀ 다음 빈칸에 한자어의 독음과 한자의 훈음을 예쁘게 써 보세요.

| 稱讚 | | / | 稱 | | + | 讚 | |

어린이에게는 벌보다는 稱讚이 더 효과적이다.

稱	讚	稱	讚						

責 任 책임

責 맡을 **책** + 任 맡길 **임** = 責任

맡아서[責] 해야 할 임무[任]가 責任이다.

맡아서 행해야 할 의무나 임무.

❀ 다음 빈칸에 한자어의 독음과 한자의 훈음을 예쁘게 써 보세요.

| 責任 | | / | 責 | | + | 任 | |

자유에는 責任과 의무가 따른다.

責	任	責	任						

判 斷 　판단

判 　판단할 **판** ＋ 斷 　끊을 **단** ＝ | 判斷 |

판단하여[判] 끊어내는[斷] 것이 判斷이다.

사물을 인식하여 논리나 기준 등에 따라 판정을 내림.

❀ 다음 빈칸에 한자어의 독음과 한자의 훈음을 예쁘게 써 보세요.

| 判斷 | | / | 判 | | ＋ | 斷 | |

단 한 번의 判斷 착오가 이 결과를 가져올 줄 몰랐다.

判	斷	判	斷					

行 動 　행동

行 　행할 **행** ＋ 動 　움직일 **동** ＝ | 行動 |

행하고[行] 움직이는[動] 것이 行動이다.

몸을 움직여 동작을 하거나 어떤 일을 함.

❀ 다음 빈칸에 한자어의 독음과 한자의 훈음을 예쁘게 써 보세요.

| 行動 | | / | 行 | | ＋ | 動 | |

말보다 行動이 우선되어야 한다.

行	動	行	動					

幸 福　행복

幸 　다행　행 ＋ 福 　복　복 ＝ 幸福

🟤 다행스러운[幸] 복[福]을 느낌이 幸福이다.

🟤 생활에서 충분한 만족과 기쁨을 느끼어 흐뭇함.

❀ 다음 빈칸에 한자어의 독음과 한자의 훈음을 예쁘게 써 보세요.

幸福 □ / 幸 □ ＋ 福 □

🟤 가정의 평화는 그 무엇과도 바꿀 수 없는 최상의 幸福이다.

幸	福	幸	福						

携 帶　휴대

携 　끌　휴 ＋ 帶 　띠　대 ＝ 携帶

🟤 끌어서[携] 띠에[帶] 차는 것이 携帶이다.

🟤 사람이 다닐 때 어떤 사물을 손에 들거나 몸에 지님.

❀ 다음 빈칸에 한자어의 독음과 한자의 훈음을 예쁘게 써 보세요.

携帶 □ / 携 □ ＋ 帶 □

🟤 노트북 컴퓨터는 携帶가 용이하다는 것이 장점이다.

携	帶	携	帶						

1. 다음 ▢▢안에 알맞은 한자어를 <보기>에서 찾아 써 보세요.

보기	幸福 情報 判斷 調節 行動 尊重 地域 責任 携帶 稱讚

뜻 정 하 여	알 릴 보 는	정 황 보 고		이 고
고 를 조 에	마 디 절 은	균 형 맞 게		이 며
높 을 존 에	무 거 울 중	높 혀 대 함		이 고
땅 지 하 고	지 경 역 은	일 정 구 획		이 며
일 컬 을 칭	기 릴 찬 은	높 이 평 가		이 고
맡 을 책 에	맡 길 임 은	맡 은 임 무		이 며
판 단 할 판	끊 을 단 은	판 가 름 한		이 고
행 할 행 에	움 직 일 동	몸 움 직 임		이 며
다 행 행 에	복 복 이 면	만 족 기 쁨		이 고
손 에 들 고	몸 에 지 닌	끌 휴 띠 대		이 다

2. 다음 한자어의 뜻을 써 보세요.

① 情報 _____   ⑥ 責任 _____

② 調節 _____   ⑦ 判斷 _____

③ 尊重 _____   ⑧ 行動 _____

④ 地域 _____   ⑨ 幸福 _____

⑤ 稱讚 _____   ⑩ 携帶 _____

3. 다음 한자어의 독음을 쓰고, 한자를 예쁘게 써 보세요.

①	情報		情	報	情	報			
②	調節		調	節	調	節			
③	尊重		尊	重	尊	重			
④	地域		地	域	地	域			
⑤	稱讚		稱	讚	稱	讚			
⑥	責任		責	任	責	任			
⑦	判斷		判	斷	判	斷			
⑧	行動		行	動	行	動			
⑨	幸福		幸	福	幸	福			
⑩	携帶		携	帶	携	帶			

4. 다음 한자어에 독음과 알맞은 뜻을 바르게 연결하세요.

① 情報 ・　・ 존중 ・　・ 어떤 대상의 상태를 조작하거나 제어하여 적절한 수준으로 맞춤.

② 調節 ・　・ 정보 ・　・ 좋은 점이나 착하고 훌륭한 일을 높이 평가함.

③ 尊重 ・　・ 조절 ・　・ 높이어 귀중하게 대함.

④ 稱讚 ・　・ 판단 ・　・ 사물이나 어떤 상황에 대한 새로운 소식이나 자료.

⑤ 判斷 ・　・ 칭찬 ・　・ 사물을 인식하여 논리나 기준 등에 따라 판정을 내림.

사회

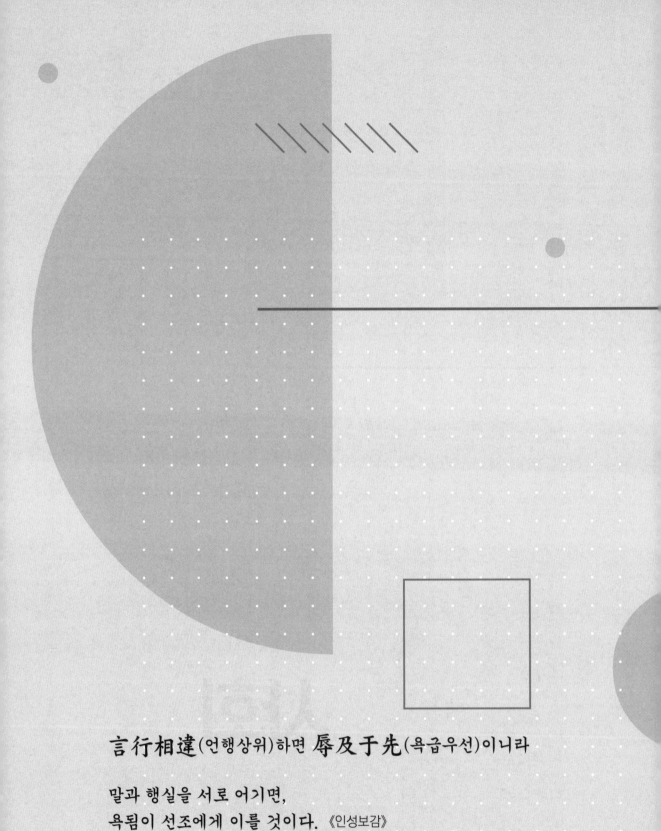

言行相違(언행상위)하면 辱及于先(욕급우선)이니라

말과 행실을 서로 어기면,
욕됨이 선조에게 이를 것이다. 《인성보감》

開發 * 交通 * 技術 * 代身 * 博物館
發展 * 不足 * 北韓 * 社會 * 成長

📍 한글로 된 가사를 노래로 부르면 한자어의 뜻이 쉽게 이해돼요.

미 개 지 를	개 척 발 전	열 개 필 발	개 발 이 고
사 귈 교 에	통 할 통 은	탈 것 왕 래	교 통 이 며
재 주 기 에	꾀 슬 하 니	재 주 와 꾀	기 술 이 고
대 신 할 대	몸 신 이 면	새 로 맡 음	대 신 이 며
넓 을 박 과	물 건 물 이	집 관 이 니	박 물 관 과
좋 고 높 은	단 계 나 감	필 발 펼 전	발 전 이 고
아 닐 부 에	발 족 하 면	모 자 란 다	부 족 이 며
북 녘 북 에	한 국 한 은	한 국 북 쪽	북 한 이 고
모 일 사 에	모 일 회 는	인 간 집 단	사 회 이 며
이 룰 성 에	긴 장 이 니	점 점 자 람	성 장 이 다

📍 이제는 한자로 쓰인 한자어 가사도 쉽게 읽을 수 있어요~~ ^ ^

未 開 地 를	開 拓 發 展	열 開 필 發	開 發 이 고
사 귈 交 에	通 할 通 은	탈 것 往 來	交 通 이 며
재 주 技 에	꾀 術 하 니	재 주 와 꾀	技 術 이 고
代 身 할 代	몸 身 이 면	새 로 맡 음	代 身 이 며
넓 을 博 과	物 件 物 이	집 館 이 니	博 物 館 과
좋 고 높 은	段 階 나 감	필 發 펼 展	發 展 이 고
아 닐 不 에	발 足 하 면	모 자 란 다	不 足 이 며
북 녘 北 에	韓 國 韓 은	韓 國 北 쪽	北 韓 이 고
모 일 社 에	모 일 會 는	人 間 集 團	社 會 이 며
이 룰 成 에	긴 長 이 니	漸 漸 자 람	成 長 이 다

開 發 개발

| 開 | 열 | 개 | + | 發 | 필 | 발 | = | 開發 |

열어서[開] 피어나게[發] 하는 것이 開發이다.

새로운 것을 연구하여 만들어 냄.

❀ 다음 빈칸에 한자어의 독음과 한자의 훈음을 예쁘게 써 보세요.

| 開發 | | / | 開 | | + | 發 | |

아버지는 소프트웨어 開發 업체에서 근무하신다.

| 開 | 發 | 開 | 發 | | | | | |

交 通 교통

| 交 | 사귈 | 교 | + | 通 | 통할 | 통 | = | 交通 |

사귀어[交] 통하는[通] 것이 交通이다.

서로 서신이나 의견, 정보 따위를 주고받음.

❀ 다음 빈칸에 한자어의 독음과 한자의 훈음을 예쁘게 써 보세요.

| 交通 | | / | 交 | | + | 通 | |

交通이 혼잡할 때는 자전거나 오토바이 같은 것이 더 좋다.

| 交 | 通 | 交 | 通 | | | | | |

技 術　기술

技　재주　기 ＋ 術　꾀　술 ＝ 技術

재주[技]와 꾀[術]가 技術이다.

사물을 잘 다룰 수 있는 방법이나 능력.

❀ 다음 빈칸에 한자어의 독음과 한자의 훈음을 예쁘게 써 보세요.

| 技術 | | / | 技 | | ＋ | 術 | |

그는 **技術**을 배워 자립해 보겠다는 의지가 대단한 친구다.

| 技 | 術 | 技 | 術 | | | | | |

代 身　대신

代　대신할　대 ＋ 身　몸　신 ＝ 代身

남을 대리[代]하여 몸소[身]하는 것이 代身이다.

남의 구실이나 책임을 떠맡음.

❀ 다음 빈칸에 한자어의 독음과 한자의 훈음을 예쁘게 써 보세요.

| 代身 | | / | 代 | | ＋ | 身 | |

나는 아침마다 밥 **代身** 빵을 먹는다.

| 代 | 身 | 代 | 身 | | | | | |

博物館 박물관

| 博 넓을 **박** | + | 物 물건 **물** | + | 館 집 **관** | = | 博物館 |

암기비결 넓은[博] 곳에 유물[物]을 보관 전시하는 집[館]이 博物館이다.

사전풀이 역사적인 유물을 잘 보관하여 전시하는 곳.

❀ 다음 빈칸에 한자어의 독음과 한자의 훈음을 예쁘게 써 보세요.

| 博物館 | | / | 博 | | + | 物 | | + | 館 | |

독음연습 할아버지께서는 평생 모으신 작품들을 博物館에 기증하셨다.

博	物	館	博	物	館			

發展 발전

| 發 필 **발** | + | 展 펼 **전** | = | 發展 |

암기비결 피어나서[發] 더 좋게 펼쳐지는[展] 것이 發展이다.

사전풀이 사물이 보다 낫고 더 좋은 상태로 나아감.

❀ 다음 빈칸에 한자어의 독음과 한자의 훈음을 예쁘게 써 보세요.

| 發展 | | / | 發 | | + | 展 | |

독음연습 민족과 언어는 역사적 發展과 상관성이 있다고 배웠다.

發	展	發	展					

不 足 부족

| 不 | 아닌가 부 | + | 足 | 발 | 족 | = | 不足 |

만족하지[足] 않은[不] 것이 不足이다.

일정한 정도나 양에 이르지 못함.

❀ 다음 빈칸에 한자어의 독음과 한자의 훈음을 예쁘게 써 보세요.

| 不足 | | / | 不 | | + | 足 | |

우리는 생활에서 不足을 모르고 행복하게 살고 있습니다.

| 不 | 足 | 不 | 足 | | | | | |

北 韓 북한

| 北 | 북녘 북 | + | 韓 | 한국 | 한 | = | 北韓 |

한국[韓]의 북쪽[北]이 北韓이다.

남북으로 분단된 대한민국의 휴전선 북쪽 지역을 가리키는 말.

❀ 다음 빈칸에 한자어의 독음과 한자의 훈음을 예쁘게 써 보세요.

| 北韓 | | / | 北 | | + | 韓 | |

北韓에 고향을 둔 실향민들은 돌아갈 날만을 기다린다.

| 北 | 韓 | 北 | 韓 | | | | | |

社 會　사회

社 모일 **사** + 會 모일 **회** = 社會

모이고[社] 모이는[會] 것이 社會이다.

공동생활을 영위하는 모든 형태의 인간 집단.

❀ 다음 빈칸에 한자어의 독음과 한자의 훈음을 예쁘게 써 보세요.

| 社會 | | / | 社 | | + | 會 | |

독음연습 건강한 社會는 비판이 자유롭고 개방적이다.

社	會	社	會						

成 長　성장

成 이룰 **성** + 長 긴 **장** = 成長

이루어져[成] 가는 긴[長] 과정이 成長이다.

사람이나 동물 따위가 자라서 점점 커짐.

❀ 다음 빈칸에 한자어의 독음과 한자의 훈음을 예쁘게 써 보세요.

| 成長 | | / | 成 | | + | 長 | |

독음연습 나는 자라온 成長 과정을 뒤돌아보았다.

成	長	成	長						

1. 다음 ☐☐안에 알맞은 한자어를 <보기>에서 찾아 써 보세요.

| 보기 | 不足 交通 代身 發展 北韓 技術 社會 博物館 開發 成長 |

미 개 지 를	개 척 발 전	열 개 필 발		이 고
사 귈 교 에	통 할 통 은	탈 것 왕 래		이 며
재 주 기 에	꾀 술 하 니	재 주 와 꾀		이 고
대 신 할 대	몸 신 이 면	새 로 맡 음		이 며
넓 을 박 과	물 건 물 이	집 관 이 니		과
좋 고 높 은	단 계 나 감	필 발 펼 전		이 고
아 닐 부 에	발 족 하 면	모 자 란 다		이 며
북 녘 북 에	한 국 한 은	한 국 북 쪽		이 고
모 일 사 에	모 일 회 는	인 간 집 단		이 며
이 룰 성 에	긴 장 이 니	점 점 자 람		이 다

2. 다음 한자어의 뜻을 써 보세요.

① 開發 _____ ⑥ 發展 _____

② 交通 _____ ⑦ 不足 _____

③ 技術 _____ ⑧ 北韓 _____

④ 代身 _____ ⑨ 社會 _____

⑤ 博物館 _____ ⑩ 成長 _____

3. 다음 한자어의 독음을 쓰고, 한자를 예쁘게 써 보세요.

① 開發		開	發	開	發		
② 交通		交	通	交	通		
③ 技術		技	術	技	術		
④ 代身		代	身	代	身		
⑤ 博物館		博	物	館	博	物	館
⑥ 發展		發	展	發	展		
⑦ 不足		不	足	不	足		
⑧ 北韓		北	韓	北	韓		
⑨ 社會		社	會	社	會		
⑩ 成長		成	長	成	長		

4. 다음 한자어에 독음과 알맞은 뜻을 바르게 연결하세요.

① 開發 • • 개발 • • 건강한 社會는 비판이 자유롭고 개방적이다.

② 技術 • • 사회 • • 새로운 것을 연구하여 만들어 냄.

③ 發展 • • 발전 • • 사물이 보다 낫고 더 좋은 상태로 나아감.

④ 社會 • • 기술 • • 사람이나 동물 따위가 자라서 점점 커짐.

⑤ 成長 • • 성장 • • 사물을 잘 다룰 수 있는 방법이나 능력.

📍 한글로 된 가사를 노래로 부르면 한자어의 뜻이 쉽게 이해돼요.

새 신 에 다	들 을 문 은	새 로 듣 는	신 문 이 고
그 림 자 영	울 림 향 은	효 과 미 침	영 향 이 며
밖 외 하 고	나 라 국 의	말 씀 어 는	외 국 어 고
마 실 음 에	먹 을 식 은	먹 고 마 신	음 식 이 며
소 리 음 에	풍 류 악 은	소 리 예 술	음 악 이 고
다 를 이 에	항 상 상 은	상 태 다 름	이 상 이 며
이 치 리 에	풀 해 하 여	사 리 해 석	이 해 이 고
사 람 인 에	사 이 간 은	만 물 영 장	인 간 이 며
사 람 인 에	일 사 이 면	사 람 의 일	인 사 이 고
스 스 로 자	몸 기 이 니	스 스 로 몸	자 기 이 다

📍 이제는 한자로 쓰인 한자어 가사도 쉽게 읽을 수 있어요~~^^

새 新 에 다	들 을 聞 은	새 로 듣 는	新 聞 이 고
그 림 자 影	울 림 響 은	效 果 미 침	影 響 이 며
밖 外 하 고	나 라 國 의	말 씀 語 는	外 國 語 고
마 실 飮 에	먹 을 食 은	먹 고 마 신	飮 食 이 며
소 리 音 에	風 流 樂 은	소 리 藝 術	音 樂 이 고
다 를 異 에	恒 常 常 은	狀 態 다 름	異 常 이 며
理 致 理 에	풀 解 하 여	事 理 解 釋	理 解 이 고
사 람 人 에	사 이 間 은	萬 物 靈 長	人 間 이 며
사 람 人 에	일 事 이 면	사 람 의 일	人 事 이 고
스 스 로 自	몸 己 이 니	스 스 로 몸	自 己 이 다

新 聞 신문

新 새 신 + 聞 들을 문 = 新聞

새로운[新] 견문[聞]이 新聞이다.

세상에서 일어나는 새로운 사건이나 사실을 알리고 해설하는 정기 간행물.

❀ 다음 빈칸에 한자어의 독음과 한자의 훈음을 예쁘게 써 보세요.

| 新聞 | | / | 新 | | + | 聞 | |

요즈음은 바빠서 新聞 읽을 시간도 없다.

| 新 | 聞 | 新 | 聞 | | | | | | |

影 響 영향

影 그림자 영 + 響 울림 향 = 影響

그림자[影]처럼 울리는[響] 것이 影響이다.

어떤 사물의 효과나 작용이 다른 것에 미치는 일.

❀ 다음 빈칸에 한자어의 독음과 한자의 훈음을 예쁘게 써 보세요.

| 影響 | | / | 影 | | + | 響 | |

밀물과 썰물의 현상은 달의 影響으로 일어난다.

| 影 | 響 | 影 | 響 | | | | | | |

外國語 외국어

外 밖 외 + 國 나라 국 + 語 말씀 어 = 外國語

나라 밖[外]의 나라[國] 말[語]이 外國語이다.

다른 나라의 말.

❀ 다음 빈칸에 한자어의 독음과 한자의 훈음을 예쁘게 써 보세요.

外國語 [　　　] / 外 [　　　] + 國 [　　　] + 語 [　　　]

나는 外國語 공부를 열심히 하고 있다.

外 國 語 外 國 語

飲 食 음식

飲 마실 음 + 食 먹을 식 = 飲食

마시고[飲] 먹는[食] 물건이 飲食이다.

사람이 먹고 마실 수 있도록 만든 모든 것.

❀ 다음 빈칸에 한자어의 독음과 한자의 훈음을 예쁘게 써 보세요.

飲食 [　　　] / 飲 [　　　] + 食 [　　　]

어버이 앞에서 飲食을 먹을 때에는 그릇 소리를 내지 마라.

飲 食 飲 食

音 樂　음악

音　소리　음 ＋ 樂　풍류　악 ＝ 音樂

암기비법　소리[音]나 악기[樂]를 통하여 나타내는 것이 音樂이다.

사전풀이　목소리나 악기를 통하여 감정을 나타내는 예술.

❀ 다음 빈칸에 한자어의 독음과 한자의 훈음을 예쁘게 써 보세요.

音樂　[　　] ／ 音　[　　] ＋ 樂　[　　]

독음연습　저는 **音樂**을 좋아 하는데 노래는 잘 부르지 못합니다.

音	樂	音	樂					

異 常　이상

異　다를　이 ＋ 常　항상　상 ＝ 異常

암기비법　항상[常]이 아닌 다름[異]이 異常이다.

사전풀이　정상적인 상태와 다름.

❀ 다음 빈칸에 한자어의 독음과 한자의 훈음을 예쁘게 써 보세요.

異常　[　　] ／ 異　[　　] ＋ 常　[　　]

독음연습　그는 몸에 **異常**을 느끼고 병원을 찾았다.

異	常	異	常					

理 解 　이해

理 이치 **리** + 解 풀 **해** = 理解

이치[理]로 풀어가는[解] 것이 理解이다.

사리를 분별하여 해석함.

❀ 다음 빈칸에 한자어의 독음과 한자의 훈음을 예쁘게 써 보세요.

理解 [　] / 理 [　] + 解 [　]

그 문제를 理解할 수가 없어서 틀린 것 같다.

理	解	理	解						

人 間 　인간

人 사람 **인** + 間 사이 **간** = 人間

사람[人]이 사는 사이[間]가 人間이다.

생각을 하고 언어를 사용하며, 도구를 만들어 쓰고 사회를 이루어 사는 동물.

❀ 다음 빈칸에 한자어의 독음과 한자의 훈음을 예쁘게 써 보세요.

人間 [　] / 人 [　] + 間 [　]

최소한 人間으로서 지켜야 할 도리가 있다.

人	間	人	間						

人 事 인사

人 사람 인 + 事 일 사 = 人事

남을[人] 섬기는[事] 것이 人事이다.

마주 대하거나 헤어질 때에 예를 표함.

❀ 다음 빈칸에 한자어의 독음과 한자의 훈음을 예쁘게 써 보세요.

人事 [　] / 人 [　] + 事 [　]

부모님께 자주 문안 人事를 드리는 것도 효도이다.

人 事 人 事

自 己 자기

自 스스로 자 + 己 몸 기 = 自己

스스로[自]의 몸[己]이 自己이다.

그 사람 자신.

❀ 다음 빈칸에 한자어의 독음과 한자의 훈음을 예쁘게 써 보세요.

自己 [　] / 自 [　] + 己 [　]

누구든 自己의 의견을 분명하게 밝힐 줄 알아야 한다.

自 己 自 己

다시 한번 해 봐요 01

▶▶▶

1. 다음 □□안에 알맞은 한자어를 <보기>에서 찾아 써 보세요.

새 신 에 다	들 을 문 은	새 로 듣 는		이 고
그 림 자 영	울 림 향 은	효 과 미 침		이 며
밖 외 하 고	나 라 국 의	말 씀 어 는		고
마 실 음 에	먹 을 식 은	먹 고 마 신		이 며
소 리 음 에	풍 류 악 은	소 리 예 술		이 고
다 를 이 에	항 상 상 은	상 태 다 름		이 며
이 치 리 에	풀 해 하 여	사 리 해 석		이 고
사 람 인 에	사 이 간 은	만 물 영 장		이 며
사 람 인 에	일 사 이 면	사 람 의 일		이 고
스 스 로 자	몸 기 이 니	스 스 로 몸		이 다

2. 다음 한자어의 뜻을 써 보세요.

① 新聞
② 影響
③ 外國語
④ 飲食
⑤ 音樂

⑥ 異常
⑦ 理解
⑧ 人間
⑨ 人事
⑩ 自己

3. 다음 한자어의 독음을 쓰고, 한자를 예쁘게 써 보세요.

①	新聞		新	聞	新	聞		
②	影響		影	響	影	響		
③	外國語		外	國	語	外	國	語
④	飮食		飮	食	飮	食		
⑤	音樂		音	樂	音	樂		
⑥	異常		異	常	異	常		
⑦	理解		理	解	理	解		
⑧	人間		人	間	人	間		
⑨	人事		人	事	人	事		
⑩	自己		自	己	自	己		

4. 다음 한자어에 독음과 알맞은 뜻을 바르게 연결하세요.

① 影響 • • 음악 • • 사리를 분별하여 해석함.

② 音樂 • • 영향 • • 어떤 사물의 효과나 작용이 다른 것에 미치는 일.

③ 飮食 • • 이해 • • 목소리나 악기를 통하여 감정을 나타내는 예술.

④ 異常 • • 음식 • • 정상적인 상태와 다름.

⑤ 理解 • • 이상 • • 사람이 먹고 마실 수 있도록 만든 모든 것.

【사회】 V – 3	姿勢 ＊ 自身 ＊ 場面 ＊ 主人公 ＊ 準備 重要 ＊ 特徵 ＊ 韓國 ＊ 環境 ＊ 希望

📍 한글로 된 가사를 노래로 부르면 한자어의 뜻이 쉽게 이해돼요.

맵 시 자 에	형 세 세 면	태 도 모 양	자 세 이 고
스 스 로 자	몸 신 이 면	자 기 의 몸	자 신 이 며
마 당 장 에	낯 면 자 는	사 건 광 경	장 면 이 고
주 인 주 에	사 람 인 과	공 변 될 공	이 주 인 공
수 준 기 준	갖 출 비 는	미 리 갖 춘	준 비 이 며
무 거 울 중	구 할 요 는	귀 중 요 긴	중 요 이 고
특 별 할 특	부 를 징 은	특 별 한 점	특 징 이 며
한 국 한 과	나 라 국 은	대 한 민 국	한 국 이 고
고 리 환 에	지 경 경 은	생 활 주 위	환 경 이 며
바 랄 희 에	바 랄 망 은	기 대 바 람	희 망 이 다

📍 이제는 한자로 쓰인 한자어 가사도 쉽게 읽을 수 있어요~~^ ^

맵 시 姿 에	形 勢 勢 면	態 度 模 樣	姿 勢 이 고
스 스 로 自	몸 身 이 면	自 己 의 몸	自 身 이 며
마 당 場 에	낯 面 字 는	事 件 光 景	場 面 이 고
主 人 主 에	사 람 人 과	공 변 될 公	이 主 人 公
水 準 器 準	갖 출 備 는	미 리 갖 춘	準 備 이 며
무 거 울 重	求 할 要 는	貴 中 要 緊	重 要 이 고
特 別 할 特	부 를 徵 은	特 別 한 點	特 徵 이 며
韓 國 韓 과	나 라 國 은	大 韓 民 國	韓 國 이 고
고 리 環 에	地 境 境 은	生 活 周 圍	環 境 이 며
바 랄 希 에	바 랄 望 은	期 待 바 람	希 望 이 다

姿勢　자세

姿 맵시 **자** + 勢 형세 **세** = 姿勢

맵시[姿]나 형세[勢]가 姿勢이다.

몸을 움직이거나 가누는 모양.

❀ 다음 빈칸에 한자어의 독음과 한자의 훈음을 예쁘게 써 보세요.

姿勢		/	姿		+	勢	

그는 나의 제안에 적극적인 姿勢를 취했다.

姿	勢	姿	勢						

自身　자신

自 스스로 **자** + 身 몸 **신** = 自身

스스로[自]의 몸[身]이 自身이다.

그 사람의 몸 또는 바로 그 사람을 이르는 말.

❀ 다음 빈칸에 한자어의 독음과 한자의 훈음을 예쁘게 써 보세요.

自身		/	自		+	身	

自身이 한 말은 반드시 지키도록 최선을 다해야 한다.

自	身	自	身						

場 面　장면

場 마당 **장** + 面 낯 **면** = 場面

마당[場]에서 드러난 면[面]이 場面이다.

어떤 장소에서 겉으로 드러난 면이나 벌어진 광경.

❀ 다음 빈칸에 한자어의 독음과 한자의 훈음을 예쁘게 써 보세요.

場面 [   ] / 場 [   ] + 面 [   ]

기자는 이 안타까운 場面을 눈물을 흘리며 필름에 담았다.

場	面	場	面				

主人公　주인공

主 주인 **주** + 人 사람 **인** + 公 공변될 **공** = 主人公

주도적[主]으로 공적[公]인 일을 하는 사람[人]이 主人公이다.

어떤 일에서 주도적인 일을 하는 사람.

❀ 다음 빈칸에 한자어의 독음과 한자의 훈음을 예쁘게 써 보세요.

主人公 [   ] / 主 [   ] + 人 [   ] + 公 [   ]

우리 학교의 主人公은 우리들입니다.

主	人	公	主	人	公		

準 備 준비

準 수준기 **준** + 備 갖출 **비** = 準備

수준기[準]를 미리 준비해[備] 갖추는 것이 準備이다.

미리 마련하여 갖춤.

❀ 다음 빈칸에 한자어의 독음과 한자의 훈음을 예쁘게 써 보세요.

| 準備 | | / | 準 | | + | 備 | |

아직 나는 여행 갈 準備를 전혀 하지 못했다.

準	備	準	備						

重 要 중요

重 무거울 **중** + 要 요긴할 **요** = 重要

귀중하고[重] 요긴함[要]이 重要이다.

귀중하고 요긴함.

❀ 다음 빈칸에 한자어의 독음과 한자의 훈음을 예쁘게 써 보세요.

| 重要 | | / | 重 | | + | 要 | |

가을운동회는 우리 학교의 重要한 행사이다.

重	要	重	要						

特 徵 특징

特 특별할 특 + 徵 부를 징 = 特徵

(암기비법) 특별한[特] 조짐[徵]이 特徵이다.

(사전풀이) 다른 것에 비하여 특별히 눈에 뜨이는 점.

❀ 다음 빈칸에 한자어의 독음과 한자의 훈음을 예쁘게 써 보세요.

| 特徵 | | / | 特 | | + | 徵 | |

(독음연습) 한국 사람은 몽고 인종의 特徵을 가지고 있다.

特	徵	特	徵						

韓 國 한국

韓 한국 한 + 國 나라 국 = 韓國

(암기비법) 한민족[韓]이 살고 있는 나라[國]가 韓國이다.

(사전풀이) 아시아 대륙 동북부의 한반도에 위치하고 있는 민주 공화국.

❀ 다음 빈칸에 한자어의 독음과 한자의 훈음을 예쁘게 써 보세요.

| 韓國 | | / | 韓 | | + | 國 | |

(독음연습) 나의 조국 韓國이 정말 자랑스럽다.

韓	國	韓	國						

環 境　환경

環 고리 환 + 境 지경 경 = 環境

고리[環]처럼 생긴 지경[境]이 環境이다.

생활하는 주위의 상태.

✿ 다음 빈칸에 한자어의 독음과 한자의 훈음을 예쁘게 써 보세요.

環境 [　　] / 環 [　　] + 境 [　　]

우리 주변 環境을 깨끗이 정리하였다.

環	境	環	境					

希 望　희망

希 바랄 희 + 望 바랄 망 = 希望

바라고[希] 바라는[望] 것이 希望이다.

앞일에 대하여 좋은 결과를 기대함.

✿ 다음 빈칸에 한자어의 독음과 한자의 훈음을 예쁘게 써 보세요.

希望 [　　] / 希 [　　] + 望 [　　]

형은 언제나 希望에 넘쳐 있었다.

希	望	希	望					

▶▶▶

1. 다음 ☐☐안에 알맞은 한자어를 <보기>에서 찾아 써 보세요.

| 보기 | 韓國 準備 姿勢 場面 環境 主人公 重要 特徵 希望 自身 |

맵 시 자 에	형 세 세 면	태 도 모 양		이 고
스 스 로 자	몸 신 이 면	자 기 의 몸		이 며
마 당 장 에	낮 면 자 는	사 건 광 경		이 고
주 인 주 에	사 람 인 과	공 변 될 공	이	
수 준 기 준	갖 출 비 는	미 리 갖 춘		이 며
무 거 울 중	구 할 요 는	귀 중 요 긴		이 고
특 별 할 특	부 를 징 은	특 별 한 점		이 며
한 국 한 과	나 라 국 은	대 한 민 국		이 고
고 리 환 에	지 경 경 은	생 활 주 위		이 며
바 랄 희 에	바 랄 망 은	기 대 바 람		이 다

2. 다음 한자어의 뜻을 써 보세요.

① 姿勢   ⑥ 重要

② 自身   ⑦ 特徵

③ 場面   ⑧ 韓國

④ 主人公   ⑨ 環境

⑤ 準備   ⑩ 希望

3. 다음 한자어의 독음을 쓰고, 한자를 예쁘게 써 보세요.

①	姿勢		姿	勢	姿	勢		
②	自身		自	身	自	身		
③	場面		場	面	場	面		
④	主人公		主	人	公	主	人	公
⑤	準備		準	備	準	備		
⑥	重要		重	要	重	要		
⑦	特徵		特	徵	特	徵		
⑧	韓國		韓	國	韓	國		
⑨	環境		環	境	環	境		
⑩	希望		希	望	希	望		

4. 다음 한자어에 독음과 알맞은 뜻을 바르게 연결하세요.

① 姿勢 ・ ・ 환경 ・ ・ 다른 것에 비하여 특별히 눈에 뜨이는 점.

② 場面 ・ ・ 특징 ・ ・ 생활하는 주위의 상태.

③ 準備 ・ ・ 준비 ・ ・ 몸을 움직이거나 가누는 모양.

④ 特徵 ・ ・ 장면 ・ ・ 어떤 장소에서 겉으로 드러난 면이나 벌어진 광경.

⑤ 環境 ・ ・ 자세 ・ ・ 미리 마련하여 갖춤.

초등교과서 한자어

평가문제

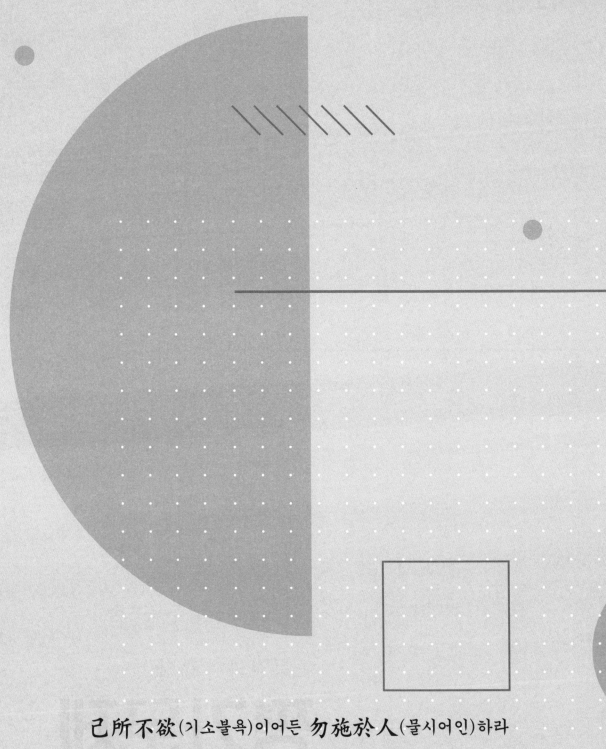

己所不欲(기소불욕)이어든 勿施於人(물시어인)하라

자기가 하고 싶지 않은 것은.
남에게도 시키지 말라.《인성보감》

초등교과서 한자어 [5학년] 평가문제지

• (   )학교   • (   )학년   • 성명(   )

[유의사항]

1. 문제지를 받으면, 문제를 정확히 읽고 답을 답안지에 적습니다.

2. 문제지에 학교 이름과 학년 그리고 성명을 정자로 씁니다.

3. '시작' 시간을 확인 후 문제를 풀기 시작합니다.

국어 [30문항]

▣ 다음 한자어와 독음을 바르게 연결하세요.

1. 評價 •　　　　　　① • 만화

2. 次例 •　　　　　　② • 문단

3. 根據 •　　　　　　③ • 평가

4. 漫畫 •　　　　　　④ • 차례

5. 文段 •　　　　　　⑤ • 근거

▣ 다음 뜻에 알맞은 한자어의 번호를 <보기>에서 찾아 쓰세요.

보기　　①分析　②人物　③整理

6. 흐트러진 것을 한데 모으거나 치워서 질서 있는 상태가 되게 함.········· (　)

7. 얽혀 있거나 복잡한 것을 풀어서 개별적인 요소나 성질로 나눔. (　)

▣ 다음 중 한자어의 독음이 바른 것의 번호를 쓰세요.

8. 未安 ································ (　)
① 미안　　　　② 말안
③ 미송　　　　④ 말송

9. 狀態 ································ (　)
① 상능　　　　② 장능
③ 장태　　　　④ 상태

▣ 다음 한자어의 뜻이 바른 것의 번호를 쓰세요.

10. 狀況 ······························ (　)
① 일이 잘못되어 고민함.
② 일이 되어 가는 과정이나 형편.
③ 언제나 살펴야 하는 곳.
④ 문서로 기록하여 남기는 일.

11. 基準 ······························ (　)
① 터를 닦는 수준.
② 기본으로 주는 점수.
③ 기본이 되는 표준.
④ 기초가 되는 자료.

▣ 다음 문장 속 밑줄 친 한자어의 독음이 바른 것의 번호를 쓰세요.

12. 본인을 <u>確認</u>할 수 있도록 반드시 신분증을 지참하세요.········· (　)
① 확인　　　　② 각인
③ 확실　　　　④ 학인

13. 그녀는 나를 보자 토끼같이 놀란 **表情**을 지었다.·················( )
① 표청   ② 표정
③ 의정   ④ 의청

14. 너는 너무 지나치게 **周邊** 사람들을 의식하는 것이 문제다.······( )
① 조변   ② 주연
③ 조연   ④ 주변

■ 다음 밑줄 친 한자어의 독음(소리)을 <보기>와 같이 쓰세요.

> 보기
> 하루를 **一日**이라고 한다.
> ··················(일일)

㈜15. 내 **斟酌**대로 그 영화는 정말 재미가 없었다.
··························( )

㈜16. 학예회 때 **舞臺** 위에서 리코더 연주를 하였습니다.
··························( )

■ 다음 한자어의 독음(소리)을 <보기>와 같이 쓰세요.

> 보기
> **一日** (일일)

㈜17. 分類 ( ) ㈜18. 鉛筆 ( )
㈜19. 過程 ( ) ㈜20. 讀書 ( )
㈜21. 背景 ( ) ㈜22. 說明 ( )
㈜23. 受業 ( ) ㈜24. 表現 ( )

■ 다음 뜻에 알맞은 한자어를 <보기>에서 골라 한자로 쓰시오.

> 보기
> 適用, 傳達, 精確, 目標
> 討論, 健康, 內容, 分量

㈜25. 소식이나 말 따위를 사람에게 전하여 이르게 함.········ ( )

㈜26. 정신적으로나 육체적으로 아무 탈이 없고 튼튼함.······ ( )

㈜27. 수효, 무게 따위의 많고 적음이나 부피의 크고 작은 정도.( )

㈜28. 어떤 목적을 이루려고 지향하는 실제적 대상으로 삼음. ( )

㈜29. 말, 글, 그림, 연극 따위의 모든 표현 매체 속에 들어 있는 것.
···························· ( )

㈜30. 자세하고 확실함.········ ( )

수학 [20문항]

■ 다음 한자어와 독음을 바르게 연결하세요.

1. 垂直 •   ① • 태도
2. 態度 •   ② • 수직
3. 補充 •   ③ • 계속
4. 圖形 •   ④ • 도형
5. 繼續 •   ⑤ • 보충

■ 다음 뜻에 알맞은 한자어의 번호를 <보기>에서 찾아 쓰세요.

| 보기 | ①計算 ②計劃 ③分母 |

6. 주어진 수나 식을 연산의 법칙에 따라 처리하여 수치를 구함. ( )

7. 앞으로 할 일의 절차, 방법, 규모 따위를 미리 헤아려 작정함. ( )

■ 다음 중 한자어의 독음이 바른 것의 번호를 쓰시오.

8. 模樣 ································· ( )
  ① 막양   ② 모영
  ③ 막영   ④ 모양

9. 學級 ································· ( )
  ① 각급   ② 학선
  ③ 학급   ④ 각선

■ 다음 문장 속 밑줄 친 한자어의 독음이 바른 것의 번호를 쓰세요.

10. 가상 공간 학습관에서 우주인 體驗을 할 수 있었다.··········· ( )
  ① 체검   ② 체험
  ③ 예험   ④ 예검

11. 아기들은 저녁때 많이 칭얼대는 것이 普通이다.·················· ( )
  ① 진통   ② 진용
  ③ 보용   ④ 보통

■ 다음 한자어의 뜻이 바른 것의 번호를 쓰세요.

12. 公約數 ························· ( )
  ① 두 개 이상의 자연수에 공통인 약수.
  ② 공개된 약수.
  ③ 공약으로 내건 숫자.
  ④ 약수를 공정하게 대입한 것.

13. 帶分數 ························· ( )
  ① 분자가 분모보다 큰 분수.
  ② 분수로 이루어진 띠.
  ③ 정수와 진분수의 합으로 이루어진 수.
  ④ 소수를 허리띠처럼 찬 분수.

■ 다음 밑줄 친 한자어의 독음(소리)을 <보기>와 같이 쓰세요.

| 보기 | 하루를 <u>一日</u>이라고 한다. ················(일일) |

㈜14. 대응하는 점을 잇는 線分은 평행이고 길이가 같다.
    ··························( )

㈜15. 그는 친구 關係가 참 좋은 것 같다.·······················( )

■ 다음 한자어의 독음(소리)을 <보기>와 같이 쓰세요.

| 보기 | 一日 (일일) |

㈜16. 境遇 ( )   ㈜17. 約數 ( )

■ 다음 뜻에 알맞은 한자어를 <보기>에서 골라 한자로 쓰시오.

> 보기
> 學習, 分數, 小數, 問題
> 活動, 方法, 未滿, 角度

㊀18. 어떤 정수를 0이 아닌 다른 정수로 나눈 몫을 나타낸 것.(   )

㊀19. 정한 수효나 정도에 차지 못함.………………… (   )

㊀20. 일정한 성과를 거두기 위해 어떤 일을 활발히 함.……… (   )

과학 [20문항]

■ 다음 한자어와 독음을 바르게 연결하세요.

1. 關聯 •   ① • 물질

2. 觀察 •   ② • 관찰

3. 物質 •   ③ • 관련

4. 物體 •   ④ • 선물

5. 膳物 •   ⑤ • 물체

■ 다음 뜻에 알맞은 한자어의 번호를 <보기>에서 찾아 쓰세요.

> 보기
> ①多樣   ②生命   ③紹介

6. 종류가 여러 가지로 많음.… (   )

7. 둘 사이에서 양편의 일이 진행되게 주선함.………………… (   )

■ 다음 중 한자어의 독음이 바른 것의 번호를 쓰시오.

8. 液體 ………………… (   )
   ① 야체   ② 액체
   ③ 야례   ④ 액례

9. 比較 ………………… (   )
   ① 북교   ② 북효
   ③ 비효   ④ 비효

■ 다음 문장 속 밑줄 친 한자어의 독음이 바른 것의 번호를 쓰세요.

10. 우리 대표 팀은 결정적인 瞬間에 실수를 연발했다.………… (   )
   ① 순문   ② 윤간
   ③ 순간   ④ 윤문

11. 나는 模型 비행기를 조립해서 공원으로 나갔다.……………… (   )
   ① 막형   ② 모형
   ③ 모간   ④ 막간

■ 다음 한자어의 뜻이 바른 것의 번호를 쓰세요.

12. 變化 ………………… (   )
   ① 문화가 달라짐.
   ② 변하려고 노력함.
   ③ 변한 모습에 놀람.
   ④ 사물의 성질, 모양, 상태 따위가 바뀌어 달라짐.

13. 移動 ·························· (　　)
① 움직여 옮김.
② 다르게 움직임.
③ 옮겨 다니며 생활함.
④ 이민 갔다가 돌아옴.

■ 다음 밑줄 친 한자어의 독음(소리)을 <보기>와 같이 쓰세요.

> 보기
> 하루를 <u>一日</u>이라고 한다.
> ················(일일)

주14. **注意**가 산만한 사람들은 정서 불안인 경우가 많다.··· (　　)

주15. 우리는 이 문제에 대한 대안의 <u>探求</u>를 위해 지혜를 모았다.
·······················(　　)

■ 다음 한자어의 독음(소리)을 <보기>와 같이 쓰세요.

> 보기
> 一日 (일일)

주16. 位置 (　　)　주17. 結果 (　　)

■ 다음 뜻에 알맞은 한자어를 <보기>에서 골라 한자로 쓰시오.

> 보기
> 安全, 不便, 相對, 生活
> 方向, 利用, 始作, 決定

주18. 서로 마주 대함. 또는 그런 대상.··················(　　)

주19. 어떤 방위를 향한 쪽.··· (　　)

주20. 행동이나 태도를 분명하게 정함.
························ (　　)

도덕 [20문항]

■ 다음 한자어와 독음을 바르게 연결하세요.

1. 葛藤 •　　① • 보호
2. 配慮 •　　② • 실천
3. 稱讚 •　　③ • 칭찬
4. 實踐 •　　④ • 배려
5. 保護 •　　⑤ • 갈등

■ 다음 뜻에 알맞은 한자어의 번호를 <보기>에서 찾아 쓰세요.

> 보기
> ①刑事　②寒帶　③還穀

6. 옛날부터 민간에 전하여 오는 쉬운 격언이나 잠언.·············· (　　)
7. 다 함께 지키기로 정한 사항이나 법칙. ·················· (　　)

■ 다음 중 한자어의 독음이 바른 것의 번호를 쓰시오.

8. 選擇 ·························· (　　)
① 선택　　② 찬택
③ 선역　　④ 찬역

9. **判斷** ·························· (   )
  ① 판계   ② 반단
  ③ 반계   ④ 판단

■ 다음 문장 속 밑줄 친 한자어의 독음이 바른 것의 번호를 쓰세요.

10. 한글로만 쓰여 있어서 낱말의 <u>意味</u>가 무엇인지 잘 모르겠다.···(   )
  ① 음미   ② 의미
  ③ 음매   ④ 의매

11. 물은 체온 <u>調節</u>에 반드시 필요하다.························· (   )
  ① 주절   ② 주즉
  ③ 조절   ④ 조즉

■ 다음 한자어의 뜻이 바른 것의 번호를 쓰세요.

12. **約束** ····················· (   )
  ① 다른 사람과 앞으로의 일을 어떻게 할 것인가를 미리 정하여 둠.
  ② 적당히 협력하는 척함.
  ③ 서로를 단단히 묶음.
  ④ 대충 묶어둠.

13. **假想** ····················· (   )
  ① 실물처럼 보이는 거짓 형상.
  ② 현재의 덧없고 헛된 모습.
  ③ 실물처럼 보이는 거짓 현상.
  ④ 사실이 아니거나 사실 여부가 분명하지 않은 것을 사실이라고 가정하여 생각함.

■ 다음 밑줄 친 한자어의 독음(소리)을 <보기>와 같이 쓰세요.

| 보기 | 하루를 <u>一日</u>이라고 한다.
·················(일일) |

图14. 오늘은 대학 합격자 **發表**를 하는 날이다.·················(   )

图15. 5학년이 된 나는 열심히 **努力**하여 1등을 했다.······ (   )

■ 다음 한자어의 독음(소리)을 <보기>와 같이 쓰세요.

| 보기 | 一日 (일일) |

图16. **權利** (   )   图17. **映畫** (   )

■ 다음 뜻에 알맞은 한자어를 <보기>에서 골라 한자로 쓰시오.

| 보기 | 公益, 兩班, 尊重, 敎室
道德, 感謝, 硏究, 苦悶 |

图18. 높이어 귀중하게 대함.
·························· (   )

图19. 사회 전체의 이익.······ (   )

图20. 어떤 일이나 사물에 대하여 조사하고 생각하여 진리를 알아냄.
·························· (   )

사회 [15문항]

◼ 다음 한자어와 독음을 바르게 연결 하세요.

1. 影響 •　　　　　　① • 영향

2. 環境 •　　　　　　② • 특징

3. 特徵 •　　　　　　③ • 환경

4. 異常 •　　　　　　④ • 준비

5. 準備 •　　　　　　⑤ • 이상

◼ 다음 뜻에 알맞은 한자어의 번호를 <보기>에서 찾아 쓰세요.

보기　　①希望　②人事　③場面

6. 어떤 장소에서 겉으로 드러난 면이 나 벌어진 광경. ……………… (　)

7. 앞일에 대하여 좋은 결과를 기대 함. …………………………… (　)

◼ 다음 중 한자어의 독음이 바른 것의 번호를 쓰시오.

8. 音樂 ………………………… (　)
① 의락　　　　② 음악
③ 의악　　　　④ 음락

◼ 다음 문장 속 밑줄 친 한자어의 독 음이 바른 것의 번호를 쓰세요.

9. 나의 조국 韓國이 정말 자랑스럽다.
…………………………… (　)
① 북한　　　　② 남한
③ 조국　　　　④ 한국

◼ 다음 한자어의 뜻이 바른 것의 번호 를 쓰세요.

10. 技術 ………………………… (　)
① 재주가 많은 사람.
② 공장에서 일하는 사람.
③ 사물을 잘 다룰 수 있는 방법이 나 능력.
④ 고장난 물건을 잘 고치는 능력.

11. 理解 ………………………… (　)
① 사리를 분별하여 해석함.
② 이치를 따져가며 답을 씀.
③ 알아보기 쉽도록 풀이해 줌.
④ 순리대로 풀이하면서 답을 찾음.

◼ 다음 밑줄 친 한자어의 독음(소리)을 <보기>와 같이 쓰세요.

보기　　하루를 一日이라고 한다.
………………(　 일일 　)

㈜12. 交通이 혼잡할 때는 걸어가거나 자전거 같은 것이 더 좋다.
…………………………(　　　)

㈜13. 할아버지께서는 평생 모으신 작 품들을 博物館에 기증하셨다.
…………………………(　　　)

◼ 다음 한자어의 독음(소리)을 <보 기>와 같이 쓰세요.

보기　　一日 (　 일일 　)

㈜14. 重要 (　)　　㈜15. 開發 (　)

<5학년>초등교과서 한자어 평가문제 해답

【국어 1~30】		28	目標	4	⑤	11	③
1	③	29	內容	5	④	12	①
2	④	30	精確	6	①	13	④
3	⑤	【수학 1~20】		7	③	14	발표
4	①	1	②	8	②	15	노력
5	②	2	①	9	④	16	권리
6	③	3	⑤	10	③	17	영화
7	①	4	④	11	②	18	尊重
8	①	5	③	12	④	19	公益
9	④	6	①	13	①	20	硏究
10	②	7	②	14	주의	【사회 1~15】	
11	③	8	④	15	탐구	1	①
12	①	9	③	16	위치	2	③
13	②	10	②	17	결과	3	②
14	④	11	④	18	相對	4	⑤
15	짐작	12	①	19	方向	5	④
16	무대	13	③	20	決定	6	③
17	분류	14	선분	【도덕 1~20】		7	①
18	연필	15	관계	1	⑤	8	②
19	과정	16	경우	2	④	9	④
20	독서	17	약수	3	③	10	③
21	배경	18	分數	4	②	11	①
22	설명	19	未滿	5	①	12	교통
23	수업	20	活動	6	②	13	박물관
24	표현	【과학 1~20】		7	③	14	중요
25	傳達	1	③	8	①	15	개발
26	健康	2	②	9	④	교과서한자어는	
27	分量	3	①	10	②	오락(五樂)공부!	

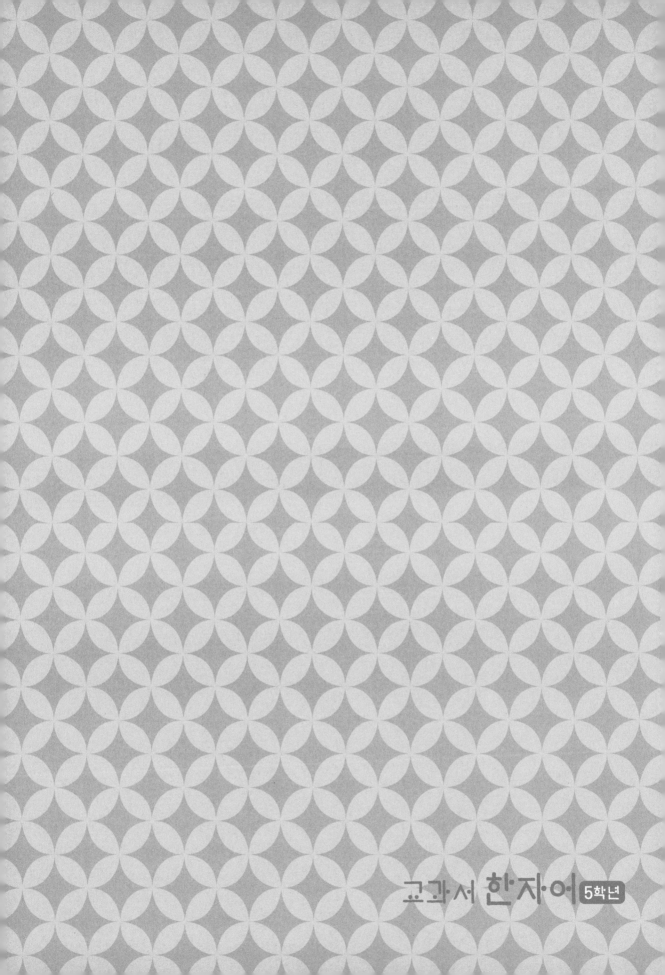

교과서 한자어 5학년